中小メーカー向け
トヨタ生産方式
（FL法）の
教科書 お金をかけずに5か月間で
30%生産性を上げる秘訣

技術士（経営工学・生産マネジメント）

近江 堅一・糟谷 徹 著

セルバ出版

はじめに

　手にとっていただきありがとうございます。

　本書を読み終えたら、まず自社の生産性向上 30% という目標に挑戦しましょう。

　この達成のための改善を通じて、「仕組みづくり」「仕組みを通した人づくり」そして、「改善力ある人づくり」を実現していくのです。

　そうして、管理者の意識改革から工場改革へと進めていきましょう。

　モノづくりには誤解が多く、正しい生産向上と品質改善を阻害しています。

　皆さんは、これに気づいていません。

　お金をかけないで工場改革ができます。改善の具体的方法（哲学と実践）をテーマによっては同じでも視点を変えながら本書で示しました。

　中小メーカーはどの章から活用していただいても構いません。

　本書の最大のポイントは管理者と作業者が真に "やる気" をもってもらうことにあります。改善のカギを握るのは、人にあるからです。

　多くの中小メーカー（大手を含む）の生産性向上つまり品質改善は、"人" にあることに気づいていません。

　本書ではモノづくりの重要点を網羅しました。モノづくりの教科書とした意味はここにあります。

　「真の改革は、人のやる気のみから生まれるのです」

　是非、本書を一読してください。

2023 年 10 月

技術士 (経営工学・生産マネジメント)

近江 堅一

糟谷 徹

中小メーカー向けトヨタ生産方式（FL法）の教科書

お金をかけずに5か月間で30%生産性を上げる秘訣　目次

はじめに

第1編 お金をかけずに5か月間で30%生産性を上げる 仕組みづくり

第5章 社内不良・クレームを減らす逆説的真理

第6章 さらに生産性を上げる知恵・考え方

第2編　お金をかけずに製造業の生産性を 30% 上げる　　　仕組みを通した人づくり

第1章　コロナの影響により大幅受注減で赤字化と改善成果

第2章　今までのモノづくりの共通の弱点

第3編 改善力ある人づくり
～間違いだらけの改善活動 6つの盲点～

第1章 社内不良を減らすとクレーム減になるという盲点に気づけ！

第2章「徹底したムダとり」に潜む盲点に気づけ！

第1編
お金をかけずに5か月間で30%生産性を上げる仕組みづくり

序

早くトライすることに意味がある

「まずは、やってみよう」

工場改革を進める際に、このようなマインドの工場は、生産性が早く上がっていきます。

「A案とB案のどちらがいいのか」「こうしたらいいだろう」など多くの改善のアイデアを出します。

多くのアイデアを出すのは素晴らしいことですが、残念なことにまったくトライしない場合が多いです。

改善の効果は、やってみなければわかりません。

アイデアばかり出して、自らトライしない（動かない）管理者が多いように感じます。

拙速（せっそく）は、トヨタ生産方式の改善を進めていく上での基本的な考え方です。早くやれば拙いことがスグにわかるため、次にやることが明確になり、改善がどんどん早く進むことの教えです。

1つトライすると、次に何をすればよいかがわかります。

『石橋をたたいて渡らない』これが一番いけません。

小さい川なら、石橋をたたかないで渡って落ちたとしても大きなケガはしないでしょう。

このようなマインドで改善を進めていくことが重要です。

トライすることが次のトライを生んでいき、よりよい改善に結びついていきます。

この習慣をつけることが改善力向上に繋がっていきます。

間違いだらけのモノづくり

「トヨタ生産方式を分解すると、はじめに『トヨタ式のつくり方』がある。生産現場も流れをつくることである。従来の旋盤は旋盤、フライス盤はフライス盤とかためて置くのではなく、旋盤、フライス盤、ボール盤といったように工程順に一台、一台並べて配置する。それにそって従来の一人一台持ちから『多数台持ち』、正確には『多工程持ち』へ移行し生産性を向上させた。

もう一つは『トヨタ式のつくり方』にのっとった『ジャスト・イン・タイム』生

産をするための運用手段としての『かんばん』方式である。必要な品物を、必要なときに、必要な量だけ手に入れるために、『かんばん』は品物の『引き取り情報』または『運搬指示情報』として、また生産工程内における『作業指示情報』として有効に機能する」（『トヨタ生産方式－脱規模の経営をめざして』付録 主要用語辞典・トヨタ生産方式とは　大野耐一 著　ダイヤモンド社 ）

　上記は、大野耐一先生のご著書からの解説です。

　トヨタ生産方式を確立された大野耐一先生のモノづくりの逆転発想は、すばらしく魅力的です。

　筆者がトヨタ本で感じるのは、トヨタ生産方式を中小メーカーの立場に立って適用した具体的な事例がほとんどないことです。

　トヨタ生産方式は、単なるIE的改善ではありません。今のモノづくりを根本的に変える"仕組みづくり"の改善です。

　筆者は、技術士（経営工学・生産マネジメント）です。

　「トヨタ生産方式とは何か」をふまえて、「中小メーカーに適用できるトヨタ生産方式とは何か」に強い関心と興味を持ちました。そして、トヨタ生産方式の中小メーカーへ適用する視点から突っ込んだ検討をしてきました。そこで生まれたのが、中小製造業向けトヨタ生産方式、FL法（Management of Flow and Location for Product）、モノの流れと位置の徹底管理法なのです。

　FL法の指導を29年以上行ってきました。中小メーカーの経営者や管理者は、このFL法でトヨタ生産方式の本質を理解し、実際の工場に適用して、お金をかけずに大きな利益を得ることができると実感しています。

　FL法は、機械加工メーカー、食品業、縫製業、クリーニング工場、物流などいかなる業種にも適用でき、成果を出していることから、FL法は中小メーカーの救世主であるといえるでしょう。

　FL法を知り、モノづくりの誤解を改めるだけで、生産性を上げる生きたアクションがとれるのです。

　この"気づき"こそ、生産性を上げ、利益を継続的に生み出す、さらには生産リードタイムを短縮させる秘訣です。

FL法7つのポイント

　下図は、お金をかけないで生産性を30%向上させる中小メーカー向けトヨタ生産方式（FL法）のイメージ図です。

　FL法のFはFlow（物の流れ）の頭文字で、受注から出荷までの時間を短くする意味です。LはLocation（物の位置）の頭文字で、物の置き場所を明確にすることです。

　筆者の確立した方式、FL法の7つのポイントを図で示します。

中小メーカー向けトヨタ生産方式（FL法）による改革イメージ

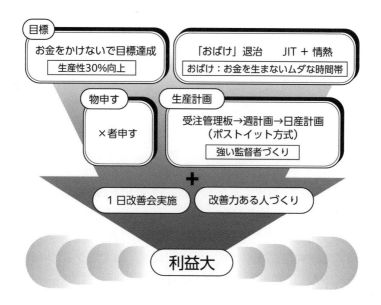

第 1 編
お金をかけずに 5 か月間で 30% 生産性を上げる
仕組みづくり

第 1 章
思い込みから脱出するための
生産管理の基礎知識

1. 月ごとに工場がいい仕事をやったかの生産性尺度を持つ

どのような業種にも適用でき、計算がシンプルは生産性尺度とは

　工場を改革するには、現状の生産性を把握することが必要です。生産性は次の算式のとおりです。

【生産性の算式】

$$付加価値生産性 \quad = \quad \frac{売上－材料費－外注費}{総工数（勤務時間の合計）}$$

　これは、1人1時間当たりの付加価値(粗利益)を示します。損益分岐点は、4,000円/人・時以下は赤字です。これは、筆者の指導体験からみた損益分岐点ですが、決算とほぼリンクします。

　したがって4,000円/人・時以下の場合の生産性目標は4,000円/人・時とします。1か月間、工場がいい仕事をしたかどうかは、決算ではなく、この生産性で表しましょう。

社内で生産できるものは外注に出さない

　ここで、外注費について、社内で生産できるものは外注に出してはいけません。なぜ外注に出すのでしょうか。

①社内の生産能力が満杯なので、外注に出さないと納期に間に合わない

②外注に出したほうが単価が安い

　これらの理由で、社内で加工できるものを外注に出すケースを多くみかけます。

　①は、作業者に作業内容とそれにかかる時間指示を出していないのに、なぜ社内の生産能力が満杯とわかるのかということです。

　②については、外注のほうが安いというのは、社内のモノづくりの努力が足りないともいえるのです。社内でやれば、タダです。

　ここからわかるように、社内で生産できるものを外注すれば、左記の付加価値生産性の算式の分子である粗利が減り、生産リードタイムがかかるため生産性が落ち、納期遅れの一因になることに気づいていません。

　生産性目標を 5 か月間で 4,000 円 / 人・時以上に黒字化するのが筆者が実践指導している方法です。この方法については後述します。

　また材料費の考え方として、「欠品しない最小購入方法」についても第 1 編第 5 章の 10（69 頁）で説明しております。参照してください。

2. 工場管理の 2 つの狙い

作業者にやる気をもたせる「仕組み」と時間指示を出す

> 【工場管理 2 つの狙い】
> ①作業者がやる気を持つ「仕組み」をつくる
> ②作業者への時間指示 (日産計画書) に対して現場リーダーが進捗管理
> 　（＝工場管理）をする

〔図表 1　日産計画書〕

日時：		作業者：			
時間	計画工数	作業指示数	実際工数	差	備考

　まず①について、驚くべきことですが、中小メーカーでは作業者に対して時間に関する指示を出していません。これでは、作業者にやる気が出ません。

　この時間を含めた作業指示を出していないことが、モノづくり最大のムダなのです。そして、作業者に やる気を持たせる時間を入れた作業指示 (これを日産計画という) を出していない中小メ ーカーはほとんどが赤字です。

しかし、それらの経営者はこのモノづくり最大のムダに気づいていません。

②については、現場リーダー(監督者)が作業に埋没して部下の作業者の力量を上げる役割を果たしていません。これも驚くべきムダです。そのため、部下の進捗管理が難しくなります。この進捗管理こそ、工場管理の真髄なのです。少人数の中小メーカーでは、工場長が作業者になっているケースもあり、これでは工場がよくなるはずがありません。

日産計画

日産計画を出すには受注に対して工程設計をし、工程ごとに段取り時間と加工時間を入れた生産計画が必要です。毎日の受注をポストイットで工程設計（図表20）し、ポストイット計画板（図表19）にはりつけていくのです（詳細は97頁参照）。

日産計画は、現場リーダーがこのポストイット計画板をみて翌日の部下の日産計画をつくり、進捗管理をするのです。この生産計画により、中間仕掛品はなくなり、生産性は3割向上します。

作業者は会社に来て、よい仕事をして、自己のレベルアップをはかる気持ちを持っています。

この時間指示を出すと、例えば15時までにやる仕事が遅れたとしても定時までに取り戻そうとしてくれます。遅れがちな作業に対し、この治具を使ったらもっと早くできるという改善案も出してくれるようになります。そして、この日産計画を正しくやり遂げた作業者にはボーナス支給が増えます。

ですから、この日産計画は各作業者のよさを引き出し、やる気を出してもらう仕組みなのです。ノルマ指示ではありません。

ここで、日産計画のメリットについて整理すると、時間軸の入った作業指示(日産計画)があるからやる気が出ること、与えられた時間で作業すると生産性は3割上がること、品質を向上させること、本日よい仕事をやったという達成感が味わえることなどの4つをあげることができます。

3. 納期の決まっていない製品在庫は生産性を落とす

在庫は工場の問題を隠してしまう

　ほとんどの中小メーカーは納期の決まっていない製品在庫を持っています。その理由は3つあります。

①受注製品が不良を出すと納入数が出荷できないので、製品に対して在庫を持っておき、不良品の埋め合わせをしているからです。50人規模の中小メーカーではこのため3,000万円から5,000万円の在庫を持っています。これが生産性を落としていることに気づいていません。製品ごとの品質状況を把握します。

　例えば、現在の技術力でA製品は5%不良品を出すことがわかっているとするならば、納入数の5%分をつくればよいのです。これを受注品について適用すれば、多くの製品在庫を持たなくてすみます。

②このケースは段取り時間が最も時間がかかるため、必要以上につくってしまい、製品在庫を増やしてしまいます。

　B製品を受注した場合、例えば100個受注したとします。このB製品はリピート品なので、いずれはまた受注するため150個分つくってしまいます。この50個分が製品在庫になってしまうのです。

③日本の会計方法では、納期の決まっていない製品在庫をつくっても資産になるため、見かけ上の利益が出ているようになってしまいます。ここが問題です。特に2年間赤字が続くと銀行はお金を貸してくれません。

　このように、製品在庫を減らしていくと、製造の問題が顕在化してくるのです。これが改善に繋がる最初の1歩となります。

4. 中小メーカーの経営者で機械を止めるのを 「悪」と考えている人が多い

「機械は止めるな、稼働率を上げろ」は間違い

　これは50人の自動車部品メーカーの事例です。

この中小メーカーは、プレス工場からスタートし、顧客の要求で溶接工場と機械加工工場を追加しました。この後から追加した２つの工場の生産性を指導することになりました。

　この中小メーカーの社長は毎回プレス工場に行き、プレス機が止まっていると作業者を叱ります。

　「このプレス機を購入するのに２億円かかった。そのプレス機を１時間止めたら、どれだけ損をするか。だからプレス機を止めてはいけない」

　そのため、作業者は溶接（組立）工場行きと機械加工工場行きの分をどんどんつくってしまうのです。

〔図表2　中小自動車部品メーカーの流れ図〕

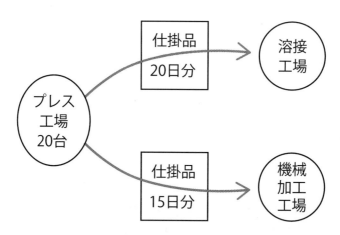

　図表２にあるように、溶接工場の前には20日分の仕掛品が、機械加工工場前には15日分の仕掛品があるのに、プレス機を止めてはいけないといわれているため、どんどん仕掛品が増えて赤字を続けているのです。

　「後工程の前に仕掛品が一杯あるのになぜプレス機を稼働させるのか」

　「後工程の前の仕掛品が３日分たまったら、プレス機を止めるのだ」

　このことを社長に説明して理解してもらうのに、３か月かかりました。

　このように、機械を止めるのは悪と捉えている中小メーカーの社長が意外と多いのです。次工程の前に、３日分の仕掛品がたまっていたら、プレス機を止めるのです。

　これがモノづくりの生産性を上げる秘訣で、この指導により、赤字工場を黒字工場に近づけてきました。筆者は、『稼働率神話が工場をダメにする』を日刊工業新聞社より出版しました。これは未だに機械を止めるのは悪と信じている社長への警告です。

5. 現場の深い観察こそが改善速度を上げる　（マルチョンを知れ）

問題発見力と問題解決力を付けよ

　トヨタ用語に「マルチョン」があります。問題のあるらしい作業工程の近くに、チョークで○を書きます。この中から、管理者や現場リーダーが作業を観察します。そして問題をみつけます。

　これは初級の観察力です。初級以上の観察力とは、今、問題のない所を深く観察して真の問題を発見したら、中級以上の観察力を持っていることになります。モノづくりの問題はすべて現場にあります。観察によって、問題を発見する力を持つことが重要です。

　しかし、中小メーカーの現場リーダー(監督者)は、作業者に埋没しているので、この観察する時間を持てないことが問題です。すでに触れていますが、中小メーカーの最大の弱点(問題点)は現場リーダーが作業者に埋没していることです。

6. TQM(全社的品質管理)の「方針管理」を学べ

FL法＝トヨタ生産方式の主要手法＋方針管理

　多くの人が知らないところで、トヨタの管理者は高い目標を決め、この目標を達成するために、改善とそのためのアイデア出しや取組みなど管理者のレベルアップを図っています。そして、同時にコストダウンにも貢献しています。

　TQM(全社的品質管理)は①方針管理、②QCサークルから成り立っています。トヨタの管理者は、①の方針管理とトヨタ生産方式を実践しています。

これこそ、利益を生みだす源泉となっています。

多くの人はこの事実を知りません。これを中小メーカー向けトヨタ生産方式(FL法)に置き換えると、以下となります。

【中小メーカー向けトヨタ生産方式（FL法）】

①高い生産性目標を立てる

②①を達成させるため、FL法(中小メーカー向けトヨタ生産方式：F:Flow
　＝モノの流れを早くすること、L:Location ＝原料、仕掛品、完成品の置
　き場を明確にすること)を適用

TQMにおけるQCサークルは、高い目標ではなく、身近な問題を解決するための低い(小さい)目標を決め、自分達で解決していきます。

QCサークルに高い経営目標を定めてはいけません。

中小メーカーでQCサークルを行っている場合、管理者がやるべきことをやらないで、QCサークルに高い経営目標を与えているケースがありますが、身近な問題解決活動なので、これは根本的に違います。

QCサークルの指導するときは、管理者の目標必達を前提に、QCサークルの小さい目標があってこそ、TQMでは全員参加の改善活動になります。

7. ネック工程を学べ

ネック工程の能力向上の改善をしない限り、生産性は向上しない

図表3の工程で製品をつくった場合、D工程では1時間当たり何個の製品ができるでしょうか。

正解は、D工程で1時間に3個しかできません。工程が何工程あろうと、1番能力のない工程(図表3ではB工程)で出来高は決まってしまいます。

この工程をネック工程といいますが、要は、ネック工程の能力向上の改善をしない限り、生産性は上がりません。

例えば、北上にある部品加工工場では納期遅れが1日に110件あり、筆者はこの納期遅れをなくす指導依頼を受けました。この部品加工工場は、工程が25工程あり、それらを調査したところ、この工程のほぼ中間に位置する研削機14台がネックであることを確認しました。

〔図表3 ネック工程〕

　この工場はネック工程を理解していませんでした。1直帯で10台動かし、2直帯で4台動かしていたのです。これでは、研削機工程の後にモノが流れません。

　そこで、作業者から研削機6名の研削者を養成しました。これにより、この研削機14台を24時間動かせるようにしました。

　このアクションにより、納期遅れは一挙に解消し、さらに生産性が30%向上しました。ネック工程が24時間フル稼働するようになったので、研削機以降にモノがどんどん流れるようになり、1日110件の納期遅れは解消しました。工場の管理者はネック工程を理解することが重要です。

8. 段取り時間が長いと製品在庫が増える

「段取り時間の短縮にはじまり、段取り時間の短縮に終わる」

　これは、群馬にある鉄の丸棒から精密部品をつくる工場の事例です。

　精密部品なので、段取り時間が7時間かかっていました。この工場は精密部品でも、リピート製品があり、いずれ注文がくると考えていました。段取り時間が長いので、この段取り時間で客の注文数をつくり出荷しています。

　いずれ受注するだろうとリピート製品の段取り時間を理由に、その精密部品をつくっていたため、筆者が指導に入ったときは、1億円の製品在庫を持っていました。しかし、実際はその30%は客のモデルチェンジで不要になっ

ており、残りの70%はいつ来るかがわからない製品在庫でした。当然、この工場は赤字で、今、納期の決まっていない製品在庫によって生産性を落としていることに気づいていないのです。いずれにせよ、7時間かかっている段取り時間について1日改善会(後述115・167頁参照)を4回行い、7時間を1時間45分に短縮改善しました。そして、注文が来てから段取りを行うようにしました。ここがポイントなのです。これにより、赤字工場は一挙に黒字化したのです。

ここで工場改善の1つのポイントは「段取り時間の短縮にはじまり、段取り時間の短縮に終わる」です。このトヨタ生産方式のアプローチが生きてきます。「注文が来てから段取りをする」、これはモノづくりの基本です。

9. ダブル検査は検査精度を上げない

心の緩みが検査精度を落とす

品質管理には第1種の誤りと第2種の誤りがあります。第1種の誤りとは、これは良品を不良品と判断する誤りで会社へ損害を与えます。また、第2種の誤りとは、これは不良品を良品と判断する誤りでクレームになってしまうというように、人は上記のいずれかの誤りをしてしまいます。

特に、検査員は今検査している製品には必ず品質問題が潜んでいるという強い気持ちで検査することが重要です。

よくダブル検査しているケースが多いですが、これは検査精度を上げません。最初に検査する人は自分の検査後もう1人のベテラン検査員が検査してくれます。後から検査する人はベテラン検査員が合格したものをもう1度検査することになります。だから心のゆるみを持ったダブル検査は精度を上げないのです。

10. 検査は付加価値を生まない

検査はお客に迷惑をかけない重要な仕事である

トヨタ生産方式では検査は付加価値を生まないとしています。確かに、検

査は付加価値を生みません。

　ISO9001 の監査を 600 回以上行ってみると、検査はクレームを防ぐ役割をしていることを経験的に理解します。ですから、筆者は品質保証をする検査がお客様に迷惑をかけない重要な役割をしているため、検査は付加価値を生むといっています。

　検査員に検査は付加価値を生まないといったならば、やる気をなくしてしまいます。そこで、確かに付加価値は生まないが、お客様に迷惑をかけない重要な仕事であるので、付加価値を生む作業といってよいといってきました。

11. お金をかけずに生産性を上げる

年間 1 億円の赤字の中小印刷メーカーを黒字化

　赤字を、お金をかけないで黒字化するシンプルな方法を適用した 1 例です。
①作業者に時間指示 (日産計画) した作業指示を出したこと
②現場リーダーを現場作業から離し本来の現場リーダーの役割を行ったこと
③受注全品の各工程の段取り時間と加工時間を入れ生産計画をつくったこと

　そして、現場リーダーにこの生産計画を見せて、翌日部下の作業者へ日産計画を渡し、進捗管理をしてもらいました。

　これを着実に実行することで、月 1 回の指導を 12 か月で黒字化しました。その結果、月に 300 万円から 400 万円の利益が出るようになり、社長は喜んで、全員を海外旅行へ連れて行きました。この活動で 1 番喜んだのは作業者で、特別ボーナスをもらい一層のやる気を出し、改善を行っています。

12.「最適」という言葉を使うな

最適という言葉は改善しなくていいということ

　トヨタ用語に「改善は無限」があります。この意味は、今まで技術改善や技能改善をしてきたことを否定しているのではなく、今のやり方は 1 番拙いやり方をしていると考えることなのです。こう考えると、改善アイデアがどんどん生まれてきます。

筆者がトヨタ生産方式の真の実践者に指導を受けたときにいわれたのが、**「工場の現在の人員は最適、工場の在庫は最適といってしまったら、指導は中断になる」**。

　要するに、最適という言葉は改善しなくていいということであるので、改善において最適という言葉を使ってはいけません。
　それは「改善は無限」であることを否定していることになるからです。

13. なぜ不良の原因を正しく捉えられないのか

原因≠現象の理解が必要である

　これまでの指導や ISO9001 の主任審査員として審査をしてきましたが、ほとんどのメーカーが「原因」の意味を正しく理解していません。
　大きな間違いは、原因を不良になったいきさつと考えています。要は、不良になったいきさつ (現象) を原因と捉えているのです。
　筆者は、「原因」の記入欄にかかれていない、その原因を考えなさいと指導しています。しかし、そのとき管理者はピンとこない人が多いです。
　正しい是正は、原因を除去することである 1 例を示しましょう。
　原因の記入欄のさまざまな記述の中に、「ここで測定器の選定を誤った」とありました。
　筆者はこれは原因ではないと判断しました。
　「ここで測定器の選定をなぜ誤ったのか、が真の原因である」
と説明してもピンとこない管理者が多いのです。こんなことで、クレームや社内不良が減るはずがありません。

　原因≠現象の理解が必要なのです。ISO9001 では、1 度原因としたものが、真の原因かどうかを検証しなさいと要求されています。
　真の原因をつかまないと、正しい是正 (改善) はできないことを真に理解すべきです。

第 2 章
生産性を上げる知恵をつけるには

1. 正しい生産コンサルタントをみつけよ

真の生産コンサルタントは、まず生産性目標を決めてから展開する

　筆者は ISO9001 の監査をしていたとき、中小メーカーの社長より、生産コンサルタントに 2 年間 (月 1 回) 依頼していますが、生産性は少しも上がっていないといわれました。

　そのコンサルタントの指導のやり方を聞くと、工程で 1 番長く時間がかかっているところから工程改善 (5 ～ 10% 出来高を上げる方法) を次々に進めていくアプローチ。日本のコンサルタントは、このタイプが意外に多いです。

　その社長に、そんなコンサルタントの指導ではいつまで経っても生産性は上がらないので、辞めなさいとアドバイスしました。

　工場全体を見て生産性を上げるには、どうすればいいか。

　まずは、真の生産コンサルタントとして、現場の生産性を把握し、まず生産性目標を決めてから展開することが正しいアプローチです。

　そして、最も重要なことは、工場の最大のムダは作業者に時間を入れた作業指示 (日産計画という) を出していないことです。この日産計画を出さないと作業者 にやる気を引き出すことはできません。

　次にやることは、現場リーダーをラインから離し、この日産計画の進捗管理をしていきます。この進捗管理をしていくことが、工場管理なのです。

　工場改革の真髄は、進捗管理をすることなのです。現場リーダーの進捗管理を通して、生産性を上げていくことが、生産コンサルタントの真の役割なのです。これに気づかない中小メーカーは生産性が上がりません。

2. わずか 1 日で大きな改善をする 「1 日改善会」の価値を知れ (トヨタでは「自主研」という)

人は改善体験を重ねない限り改善力はつかない、改善道場をつくれ

　工場で発生した大きな問題を解決するのに、1 ～ 2 時間検討したとしても

1 〜 2 時間では改善ごっこであり、真の解決には至りません。

トヨタ生産方式の真の素晴らしさは、1 日問題解決に複数人が集まり、徹夜でもやり抜く姿勢なのです。

中小メーカーに徹夜でも解決せよといっても、ピンとこないので、筆者は最低 5 時間かけて大改善を取り組むように推奨して実践指導しています。

図表 25（116 頁）に実例を示します。

3. 中小メーカーは予防処置の価値を忘れている

事後処置じゃない、予防処置の価値に気づけ

中小メーカーの管理者はすべて "事後処置" であり、問題が発生してからの処置が仕事だと思っています。

これからは、事後処置を事前処置 (予防処置) に力を入れて欲しいです。

予防処置には種々の方法がありますが、ここでは筆者が実際に行い、確立した予防処置の 1 つの方法について触れます。

1 年間に発生したクレームと社内不良を要因別に分析すると、次の 4 つに分類されます。

①標準が守れていない場合の予防処置

現状では、不良は出していないが、標準が守られているのかを監査します。このとき、標準が守られていないものがあれば、標準を守れるように教育訓練します。これは、1 件の予防処置を講じたことになります。だから、今、不良を出していないとき、標準が守られているか監査し、守られていないものがあれば守るように教育訓練することはすべて予防処置となります。

②微調整を要するところに関する予防処置

例えば、製造条件の 1 つである電圧を 1.1V に合わせるとします。このとき、電圧計の目盛りが 1V 単位になっており、1.1V には設定しにくい場合、0.1V 単位の電圧計に変えて、1.1V にきちんと設定できるようにします。これを 1 件行えば、1 件の予防処置をしたことになります。

③金型類の摩耗による予防処置

金型が摩耗すれば製品は不良になります。だから、金型がどこまで摩耗したら、研磨または修理するのかの基準を決めることです。そうすれば、製品の不良はできません。この処置を 1 件すれば予防処置を 1 件したことになります。

④機械故障に関する予防処置

機械が故障すれば製品は不良になります。だから、機械の故障前に部品を交換します。これは、機械故障記録を 1 年とれば故障の周期性がわかり、予防保全の仕組みができるようになります。 部品が 4 か月で故障することがわかったら、3 か月で交換すれ ばよいのです。

4. 5S をいくらやっても生産性は上がらない

モノづくり最大のムダを取れ

中小メーカーでは工場の至る所に 5S が掲示されています。

トイレやエレベーター内にもです。筆者は、5S はいくらやっても生産性は上がらないと指導しています。管理者が工場を回り 5S をやっても、工場は少しきれいになるだけ、管理者の高い給与を使うだけです。

筆者は目にみえるムダをいくらとっても、生産性に響かないと確信しています。要は、生産性に直接響く「仕組み」を構築しなければなりません。

すでに触れているように、作業者にやる気を持ってもらう工夫をすることは、直接技能向上に結びつくのだと思います。

中小メーカーは作業者に時間を入れた作業指示が出されていません。これがモノづくりの最大のムダなのです。

定時間で何をやるのか、時間を入れた指示を出していないのに、残業をやらせている中小メーカーが多いのです。

この時間を入れた指示を作業者に出していないことが、作業者にやる気を出させない最大の問題です。ですから、単に 5S をやれば工場がよくなるというのは錯覚でしかありません。

5. 適材適所の 1 つの見方

適材適所は与えられた仕事に真剣に取り組み、自分の適材をみつけること

　県内工業高校を卒業して中小メーカーに入社して約 2 年で辞めるケースがあります。それは、2 つのケースがあります。

　1 つは、中小メーカーに入社すると、まず 1 つの機械を操作することになります。新卒者はこの仕事が自分に適しているのかを考えます。自分に与えられたこの仕事が自分に適しているかを問い、適さないと他社へ移るという気持ちが湧いてきます。指導としては、今、与えられた仕事が自分に適する気持ちになるように取り組むことを推奨しています。仕事というものは、ある期間取り組んではじめて自分に適しているかわかるケースが多いのですから。これが適材適所についての 1 つの見方です。

　確かに、仕事を与えられたとき、自分に適していないこともあります。しかし、ある期間、自分に適しているつもりで頑張ることがポイントです。

　一方、自分に適していないと考えるとすぐ他社へ移ってしまいます。これではキリがありません。適材適所は与えられた仕事を真剣に取り組み、そして自分の適材をみつけると捉えます。これが筆者の適材適所の 1 つの考え方です。自分の適材を今、与えられた仕事の中にみつけるのです。

　自分の適材を探して色々な他の工場に移る人がいますが、どこでも適材がみつからなくて、また元の工場に戻ってくる人がいるのです。しかし、同僚が上司になって仕事がしにくくなり、結局、また会社を辞めることになります。

　もう 1 つは、昇給の仕組みを示すことです。例えば、ある工程をマスターしたら、リーダー (作業者 の 1 つ上のランクへ昇級) になり、さらにリーダーを 2 年やったら係長になるという、教育、昇進のステップを作業者に示すことです。それを活かしていないから、辞めていってしまうのです。作業者が 1 度辞めるといったら食い止めることはできません。多くの中小メーカーでは作業者の気持ちを聴くという面談をしていないでしょう。

　3 か月に 1 回面談して作業者の気持ちを聴くことが重要です。

6. 品質をよくするとコストアップするという考えは間違い

モノづくりにおいての錯覚

　多くの管理者は「品質をよくするとコストアップする」と考えているようです。つまり、品質確保には、例えば機械加工速度を下げたり、作業時間にゆとりを持たせたり、検査に時間をかける必要があると考えています。

　この考えは、一見論理が通っているようですが、実は、錯覚なのです。

　これは、モノづくりの本質を理解していません。

　正しい作業、すなわち、「正しい製造条件、正しい手順」で行えば、品質確保や低コストを実現できます。

　つまり、品質をよくする目標を設定して、それに合わせた正しい作業を設定することになります。そして、この目標をクリアできなければ設定した内容のどこかが間違っているか、さらなる改善が必要となるかでしょう。

　このモノづくりにおいては、正しい作業を正確に早くできる監督者・現場リーダーが必要になります。監督者・現場リーダーは、部下が早く正確に作業できるように指導することです。

　「やってみせる、やらせてみる」、これを繰り返して、正しい作業「正しい製造条件、正しい手順」を身に着けさせることです。

　以上のように、品質をよくするとコストアップするという考えは、モノづくりの本質を知らない錯覚なのです。

7. 守・破・離の教え
（習い事はすべてこの守破離のステップが必要）

守は生産性を上げるために必須です。自己流では上手く行かない

　例えば、剣道を習いたいとします。道場へ行き、まず、竹刀の持ち方、面の打ち方、胴の打ち方、小手の打ち方の基本を教わり、次に実践に入ります。

　ここまでが「守」です。

　「破」とは、個人の特徴が出る段階で、例えば、背の高い人は面打ち、背

の低い人は胴や小手打ちが得意になります。このステップが「破」です。

「離」とは、師匠より強くなる段階のことです。

この守破離は習い事のすべてに当てはまります。

筆者は中小メーカーの生産性を上げるコンサルタントですが、これは守破離でないと上手く行きません。

「守」は生産性を上げるための基礎を学ぶステップ、「破」はコンサルタントに同伴し自分のよさをみつけるステップです。そして、「離」は師匠を超える指導ができる段階です。

この守破離の基本を踏まないで、自己流のやり方で進める管理者がいますが、これでは上手く行きません。

現在、赤字の中小メーカーの経営者は自己流のやり方に問題があることに気づきません。赤字は人間に例えたなら病気です。まず、医者に行くことが「守」と考えてもよいでしょう。

赤字を黒字にするのは真の生産コンサルタントです。しかし、本物の生産コンサルタントが少ないのが現状です。

8.「むずかしい」「そうはいっても」という マイナスの言葉を使っては改善は進まない

情熱をかけて常識打破していかないと生産性は上がらない

よく指導初期には、生産コンサルタントのいったことをやるのは難しい、そういわれてもできるはずがない、と捉える改善メンバーがいます。

筆者は指導中にその疑問を質問しなさいと導きます。

赤字を黒字にするには、情熱をかけて常識打破(現在のやり方を変えていく)していかないと生産性は上がらないし、黒字化にはなりません。

現状では赤字を黒字にしたいと強い意思を持っているのは社長だけです。

管理者は黒字にしようとすることを真剣に考えていません。見かけ上は黒字にする努力をしていますと社長にはいっているが、真剣さが足りません。

それは「眼」をみればわかります。

「難しいからこそ」やる価値があるという気づきがないのだと思います。

ゴッホの「一足の靴」

　ゴッホの「1足の靴」は農夫の靴だけを描いた絵画ですが、それには生活やそれを支える土地を描いています。絵の見方を含めて、モノには2つの見方があります。

　1つは存在的見方です。これは、絵の大きさとか、絵の具の使い方とか、暗い絵だななど、という見方です。

　もう1つは存在論的見方です。この絵は貧しい農夫の生活を如実に訴え、みる人にある感動を与えます。

　このように、モノをみるときには2つの見方があります。

「存在とは何か？」

「存在とは、と問いかける意味は何か？」

　前者が存在的見方であり、後者が存在論的見方です。改善していくためには、存在論的見方のほうが大切ではないでしょうか。

　中小メーカー向けトヨタ生産方式であるFL法を確立するにあたり、FL法とは何か（存在的見方）よりも、FL法は中小メーカーがお金をかけないで生産性を上げるための方法だと捉えることを大切にしてきました。すなわち、FL法の存在論的見方をしているのです。

　筆者は、この存在論的見方をドイツの哲学者ハイデガーから学びました。

　この存在論的見方は、筆者のモノの見方に　大きな影響を与えています。

第3章
工場管理者を奮起させる秘訣

1. 中小メーカーの経営者向けセミナーと
1日無料工場診断会の価値を知れ

すべての問題点は現場にある

　月2回、決算に苦しんでいる中小メーカー社長にお金をかけないで生産性を上げるセミナーを行っており、毎回5名以上の社長が参加しています。

> 【3つのシンプルな筆者指導ポイント】
> ①作業者に時間を入れた生産指示を出す
> ②作業者に時間指示を入れた指示(日産計画)は現場リーダーが出す
> 　・そのために、現場リーダーはラインから離れていることが大切
> 　・部下が8〜10名いる場合は、ラインから現場リーダー1人外れ、
> 　　その部下達に日産計画を出すと同時に、進捗管理をする
> 　・日産計画から遅れた場合に、その原因を調べ対策(改善)
> ③定量的な生産計画をつくる
> 　・1日受注した製品の件数に対して、工程設計をする

　これが工場管理で、作業者にやる気を引出してもらう「仕組み」なのです。

　筆者の考案は、ポストイットで各工程に対して段取り時間と加工時間を入れます。このポストイットを毎回つくり、貼りつけていく生産計画です。

　工場指導体験から、この①、②、③をやるだけで、出来高は3割上がります。

　その理由は、この①、②、③はお金を生む仕事のみで構成されているからです。このポストイット計画については、97頁をご参照ください。

現場をみる

　次に、1日無料工場診断会。工場の経営情報を一切聞く必要はありません。

　すべての問題点は現場にあるからです。社長と筆者で現場をみることです。

①資材置き場を回る

　このとき、資材の管理責任者に現場に来てもらい質問します。

筆者　　　　　：「この資材置き場には何種類の資材がありますか」

資材管理責任者：「わかりません」

筆者	：「資材の在庫金額はいくらですか」
資材管理責任者	：「わかりません、パソコンをみればわかります」
筆者	：（部材を1つ示して）「この単価と調達日数を教えてください」
資材管理責任者	：「わかりません」
筆者	：（ある購買部長によって大切なことに気づいた話をしたあとに）「もし自分のお金で購入するとしたら、こんなに多くの資材を購入しますか」
資材管理責任者	：「こんなにたくさんは購入しません」

　資材の管理責任者は、製造時に欠品すると大問題になるので、多めに資材を発注してしまうのです。これはどこの工場でも同じです。自分のお金ではなく、会社のお金で買うのだから、当たり前です。

　資材部門でコントロールできるのは部材の調達日数を短くすることです。

　しかし、ほとんどこの調達日数を短縮する価値に気づいていません。

　資材供給者の戦略に騙されて、まとめて購入してくれたら単価を安くするといわれ、多く資材を買ってしまう。多く買っても、お客様が製品のモデルチェンジをしたら、廃却せざるを得ません。

　さらに重要なことは、資材管理責任者を3年以上やらせてはいけません。

　理由は、時間が経つと、業者と癒着して、業者の利益代表になってしまうからです。中小メーカーの社長は資材管理業務を長くやっていると、きめ細かく、社内にプラスになる業務をやっていると考えていますが、それは間違いです。

②製造現場を回る

　製造部門長の了解を得て、作業者に質問をします。

筆者	：「今日は残業しますか」
作業者	：「はい、2時間残業します」
筆者	：「定時までにやる作業は、決まっていますか」
作業者	：「いいえ、決まっていません」

　これはおかしいと思いませんか？

　このおかしなことが多くの中小メーカーで行われている実態です。

③検査部門を回る

検査責任者に質問をします。

筆者	：「本日、5名の検査員は何を、どこまでやるのですか」
検査責任者	：「今日は納期が迫っているものを中心に検査しています。とにかく製造から流れてくるものを、なるべく多く検査してもらっています」
筆者	：「時間指示は出していませんね」
検査責任者	：「はい、出していません」

これでは1人ひとりの検査員がよい仕事をしたかどうかわかりません。

④出荷場を回る

| 筆者 | ：「本日、出荷するもののリストをみせてください」 |
| 出荷責任者 | ：「出荷伝票はありますが、詳しくは事務所に行かないとわかりません」 |

これでは納期遅れを出さない出荷管理はできません。

⑤管理者に現場で事実を伝え、今後の進め方を説明

⑥継続指導に関する社長判断

　1日無料工場診断で工場視察をしたからといって、すべて継続指導をするわけではありませんが、社長の強い要望があれば、月1回、6か月間の指導で生産性を3割以上も上げることができるので、赤字中小メーカーは継続指導をするケースが多いです。

2. 中小メーカーの作業者で社長指示に従わないことは問題である

企業とは、社長指示で動く。辞めたい人を引き留めないことだ

　社長がこうやってくれといっても、それはムリですと指示に従わない作業者が最近増えてきました。社長が強くいうと「辞めます」と脅かします。特にベテラン社員に「辞める」といわれるのが怖いのです。筆者は「辞める」といったら、辞めていいですよといえるトップダウンが必要だと思います。

　社長はベテラン社員が辞めると、それにつられてさらに辞められてしまうのが怖いのです。これでは、工場はよくなりません。「辞める」といい出したら「辞めていい」がトップダウンです。企業とは、社長指示で動きます。

　辞めたい人を引き留めないことです。この分、給与が浮いてくる位に考えることです。あるメーカーでもこの状態が起こっているが、辞めたい人をくいとめてはいけないと指導しています。

　板金工場で板金のリーダーが同業に引き抜かれた事例ですが、この板金工場リーダーは 18 年勤め、レーザー、曲げ、溶接、すべての作業に精通したベテランの現場リーダーが同業他社へ現状の給与の 3 割アップで引き抜かれました。

　中小メーカーで働いている人の給与は通常安いです。同業の社長は給与 3 割アップで板金のリーダーに引き抜きましたが、同業なので、社長同士は友達です。この現場リーダーは社長に相談しないで同業に移動したのです。

　通常辞める人は、その会社に迷惑をかけないで辞めていくのが通常ですが、最近は次に行く会社を決めて辞める傾向があります。その人は次の会社でも 1 年から数年でいづらくなり、また新しい仕事を探すのが通例です。

　しかし、工場は 1 人の現場リーダーがいなくなっても、次のリーダーが生まれるものです。

3. コアコンピタンスがないから
　中小メーカーとしてとどまっている

中小メーカーはお金をかけずに生産性を上げるしかない

　コアコンピタンスとは、他社が持っていない技術力を持っていることです。

　現在中小メーカーは決算が苦しくて、新技術を生みだす余裕がありません。

　大手メーカーはすべて中小メーカーからスタートしています。現在、中小メーカーは生産性を上げ決算をよくするのに精一杯ですが、新技術を開発する余裕はなく、お金をかけないで生産性を上げるしかありません。

　まず、決算をよくすることが先決です。

　決算に余裕がないと、新技術や新製品開発に取り組めないのです。

自分で考える意味は

工場長： トヨタ本を読んでいると「自分で考えなさい」ということが頻繁に出てきます。これについて先生はどう捉えているのですか。

コンサル： 先般、指導先の社長から、「トヨタ生産方式では管理者は自分で考えよ」が重要だといわれました。

私は「自分で考えよ」について、少し違った見方をしています。「自分で考えよ」は、自分で考えられる力を持った管理者にいえることで、貴社の管理者は自分で考えよといわれても考える力を持っていません。だから、管理者に自分で考えよといっても通じません。

「蛙の面に小便」で、ケロッとしているだけです。

工場長： 自分で考える力をつけるのが先生の確立したFL法の実践ですね。

自分で考える力をつけてから生産性を上げるのではなく、生産性を上げるプロセスで改善力(自分で考える力)をつけるのですね。

コンサル： 工場長はよく理解していますね。自分で考えることのできる人は、すでに改善力がついているのです。

この改善力のない人に「自分で考えよ」といっても論理矛盾なのです。

　トヨタ生産方式を確立された大野耐一先生が部下に「自分で考えよ」といったのは、自分で考えられる力を持っている人にいった言葉なのです。

　中小メーカーの管理者は、ほとんど自分で考える力を持っていません。人をみてアドバイスします。この視点を持っていないと、多くの人が「自分で考える」の意味を誤解します。

第 4 章
生産性を上げる具体策から
～考え方・心の置き方～

1. 140 名のお弁当・お惣菜加工業を黒字化した秘訣

時間指示「誰が何をどこまでつくるか」を明確にするだけ

140 名でお弁当・お惣菜を製造する食品メーカーは、年間 5,000 万円の赤字で困っています。これをどう黒字化させるか、概して、多くの食品メーカーの赤字はパートや派遣社員を多く抱えています。これらが赤字の原因です。

この 140 名は都合のよい時間帯に働いています。しかし、この時間帯に何をどこまでつくるのかの指示をしていません。さらに、現場のリーダーも作業者になっているのです。まず、現場リーダーをラインから外して、パートの出勤時間帯に何をどこまでつくるかを指示し、進捗管理をすることにしました。

作業者 10 名に対し 1 名の現場リーダーを決め、進捗管理をすることを実施するだけで、40 名のパートや派遣社員が不要になったのです。作業者 10 名に対し 1 名の現場リーダーを決めラインから抜き、進捗管理をすることを実施するだけで、納期遅れなしに 40% の生産性が向上し、かつ黒字化しました。

2. ある社長の気づき

第三者が改善点に気づくようにするのが、工場の整理・整頓だ

A 社の社長に「コンサルタントの先生、6 か月が経ったが、現場に出ない私 (社長) がみても、改善点が多くあると気づくのはどういうことなのか」と問われ、筆者は、「今までは、現場に仕掛品が多くかつ整理・整頓が悪く、どこから改善したらよいかまったくわからない状態でした。

しかし、社長がみて、改善箇所がたくさんあると気づくようになったことが、工場改善の第 1 歩です。目でみてわかる管理なのです」。社長はしばらく考えてから、「なるほど、わかりました」と納得しました。

社長は生産コンサルタントの指導に問題があるのではないかと考えていた

ようです。しかし、第三者が改善点に気づくようにするのが、工場の整理そして整頓なのです。

3. 貴工場の技術や技能を知らないコンサルタントが 生産性を上げられる訳がない

生産コンサルタントの役割を理解しないと生産性は上がらない

　筆者が、生産コンサルタントとして独立して 2 年目、横浜のある中小メーカーの工場に伺ったときの話です。

社　長：「あなたは技術士 (経営工学・生産マネジメント) だそうだが、当社の技術・技能を知らなくて、どうして当社の生産性を上げることができるのですか」

筆　者：「今、作業者が 1 時間で 10 個つくっているものを、15 個つくれるようにすることが、生産コンサルタントの役目です。貴工場の作業者には、時間指示なしに製造させており、1 時間に何をどれだけつくるのかの指示を出していませんね」

　しかし、この社長はいくら生産コンサルタントの役割を説明しても、納得することはなく、ただ、当社の技術・技能を知らない生産コンサルタントに生産性を上げられる訳がない、という主張ばかりでした。

　よく考えると、この社長の主張にも一理あると思いましたが、最後まで生産コンサルタントの役割を理解してもらうことはできませんでした

4. 高い目標に挑戦せよ（＝低い目標は立てないほうがマシ）

高い目標が、今まで気づかない新しいアイデアを出す

　多くの管理者は低い目標を立てています。なぜか。それは、目標を達成しないと、評価されないという悪い風潮があるからです。筆者が ISO9001 の主任審査員として、審査を行ってきた中では、「低い目標は立てないほうがマシである」と指導してきました。ISO9001 には高い目標を達成させることが要求されているからです。

ISO の要求は品質だけではない、経営をよくする高い目標です。

筆者のいう高い目標とは、達成の見込みのないものかつ上司と同僚の管理者が高い目標だと認めることです。抽象的な表現に聞こえますが、これが高い目標の正しい捉え方です。

高い目標が、今まで気づかない新しいアイデアを出すのです。

「今、考えているアイデアでは、新しい目標は達成しない」という発想は、アインシュタインの教えです。

TQM(方針管理)では、高い目標には目標値と期限を含みます。期限を短くするのも挑戦です。

要は高い目標なのだから、今考えられているアイデアをいつまで続けても達成しないのです。ここに気づかなければなりません。

5. 改善の価値を知れ

改善に遅すぎることはない

ある中小メーカーを指導したときの話です。

そこの係長が段取り時間 60 分を 30 分に改善しました。この改善に初めて参加した営業部長がその係長に向かって、「なんでもっと早く段取り時間の短縮をしなかったのだ、これをやっていれば早く生産性が上がっていたのに」と怒りました。

筆者は、営業部長に「そういう発言をするのであれば、この勉強会に出席する資格がありません。今は係長がよい改善をしてくれたことを褒めるべきです」といいました。

営業部長はじっと考えていましたが、すまなかったと謝罪しました。改善に遅すぎることはありません。

モノづくりにおいて、「最適」という言葉を使ってはいけないのです。よく、製品在庫についても、最適在庫をどう求めるのかの出版書がありますが、これはおかしいです。それは、最小の在庫追究をするからです。

そして、トヨタ生産方式では、在庫をつくってはいけないとはいっていません。

6. 標準時間内にモノをつくると、社内不良は激減する

実は時間指示は不良を減らす役割もする

　例えば、1 つの製品をつくるのに、7 分± 20 秒を標準時間とします。実際は 10 分かかったとすると、手直しして標準時間を超えたので、この製品には品質問題が潜んでいます。一方、5 分でつくったとしたら、手抜きがあり品質問題が潜んでいます。

　このように、標準時間内にモノをつくることが、不良を最小にする秘訣なのです。この時間指示が不良を減らす役割をすることを知らない、中小メーカーが多すぎるのです。

7. 平均値人間を脱皮しよう

人生 1 回、自身にしかない生き方をすることが目的だ

　『人間は自分が考える人間になる』（アール・ナイチンゲール）。

　アール・ナイチンゲールは、人間開発の神様といわれています。これは早い段階に自分のなりたい人生の目標を立てることの意味を教えてくれます。

　ハイデッカーの言葉に頽落 (たいらく) があります。これは堕落 (だらく)ではなく、堕落は身を崩すことです。

　要は平均値人間になるなと教えています。

　人生 1 回、自身にしかない生き方をすることが目的です。これに気づくと、今の仕事のやり方が根本的に変わってきます。

8. 納期遅れはクレームより罪が軽いという考えは間違い

納期遅れを繰り返し、顧客より受注が取り消されたケースは多い

　この考えは間違いです。製造はモノをつくっているプロセスで納期遅れがわかると社内の営業マンと取引先の営業マンとが相談してこっそり納期調整してしまうのです。最初 (受注時) に約束した納期に遅れたらすべて納期遅

47

れです。この種の納期遅れを繰り返し、取引先より受注が取り消されたケースは多いのです。

　ですから、クレームより納期遵守を重視することが受注維持に必要だと真剣に取り組むことです。

9. モノづくりを好きになろう

人間は好きなことで成長する

　筆者はかつて前川製作所の岩崎さんと親交を持っていました。前川製作所は、西田哲学を経営に生かした会社で、冷凍の技術力に優れている会社でもあります。

　技術者に対して、やるべきことは何か、"好きなことをやれ"です。元々人間は好きなことで成長します。これは真理の法則です。好きこそものの上手なれです。

　多くのメーカーは、この"好きなことをやる"という意味を理解していません。モノづくりに情熱を持つことを強調してきました。しかし、真に大切なことは、モノづくりを好きになることです。これは恋とは異なりますが、通ずるものがあります。

　今でも「恋のときめき」より素晴らしいものはないと考えています。工場改革の真髄は、モノづくりを好きになることが真理かもしれません。

10. 出荷するものだけをつくる

つくる意識の変容で生産性が上がった稀なケース

　実は、出荷するものだけをつくることで生産性が大きく向上することがかなりあります。

　よって、「まず出荷するものだけつくる」という考え方を持つだけで、大きな改善ができるようになります。

　例えば、ある工場は総従業員 40 名で、成形機を 10 台持っているとします。

　そのうち検査員はなんと 20 名もいて、せっせと検査をしていました。

　総従業員 40 名のうち検査員が 20 名はどう考えても多すぎです。

　出荷するものだけをつくるという考え方のもと現状を分析し、出荷量は日々異なりますが、平準化して検査員を決めました。

　例えば、3 日先までの検査量を考え、必要検査員を決めるという感じです。

　そして、工数算出すると、検査員は 5 名で十分ということがわかりました。

　では、残りの検査員は何をしていたのでしょうか。実は、検査前に 7 日分の仕掛品（未検査品）があり、出荷日は決まっていないのですが、いずれ出荷するということで、検査をしていたのです。

　つまり、かなり先の出荷予定分まで前倒しして検査をしていたのです。

　この工場では、成形さえ終了していれば、後は検査して出せばいいという考えでした。

　そのため仕掛品が 7 日分もあり、倉庫担当が 3 名で忙しそうに出したり入れたりしていました。さらに、夜間も成形機を稼働させ、検査前の仕掛品をつくっていたのです。

　「翌日出荷するものだけその日検査すればよい」「その日検査するものだけ前日に成形すればよい」というような考え方でモノづくりをはじめると、結果、倉庫も必要なくなりました。

　検査の前工程である成形機の能力があっても、次工程の検査を翌日やるものだけをつくり、それ以上は成形加工しません。

　この工場は、これだけで、赤字工場から黒字工場に変わりました。

　単純な工程のため、FL 法の仕組みづくりはしていません。

　こういう稀なケースもあるのです。

11. 改善を進める上で最も大切なこと

改善に対する正しい理解をしていますか

　改善という言葉は、製造業・モノづくり分野ではもはや標準語化し、海外でも "Kaizen" として広く知れ渡っています。

　それにもかかわらず、多くの工場が、「思うように進まない」「うまくいかない」「成果が出ない」といった悩みを抱えています。

なぜでしょうか。それは、改善に関する正しい考え方や進め方を理解していないからです。

12. 指示されたことができなかったら代案を出せ！

やってしまったほうが早く建設的

「先生のいわれたとおり検討しましたができませんでした」と得意になって説明する管理者がいます。これは指導の受け方がなっていません。失格です。

指示されたことができなかったら代案で検討するのです。ここが改善を進めるうえで大事な点です。

「代案を出して検討してもうまくいかなかった」、これは合格です。

この改善姿勢こそ、次のアドバイスを受け入れられるのです。

概して、技術力のある人はできない理由をいうのが好きで得意です。しかし、指導を重ねるうちに、できない理由をいう自分がみじめにみえてきます。

できない理由をいうより、やってしまった方が早く建設的であると気づくようになるのです。

13. 今、解こうとしている問題は今の考えでは解けない

中小メーカーの経営者が気づかない、お金をかけないで生産性を上げる方法

問題解決には、新しい方法を発見しなければなりません。

指導前、これらの中小メーカーは赤字なのに、自己流のやり方で黒字化しようと努力してはいるものの、その方法では黒字化にならないこと（＝従来と違ったモノづくりをしなければならないこと）に気づいていないのです。

そこで、シンプルに生産性向上する方法として、お金をかけないで生産性を上げる方法を確立しました。中小メーカーの経営者には、これに気づいて欲しいのですが、問題はこれに気づかせる人がいないことです。

この役目を担っているのが、技術士（経営工学）の資格を持つ生産コンサルタントです。

14. 身体を延長して対象物に潜入せよ

様々な錯覚を見破るには対象物に潜入しなければなりません

　真理を発見するには、全力投球しなければいけないとは、マイケル・ポランニーの教えです。

　単なる“傍観”では真理は発見できません。我々人間には 3 つの弱点があります。

　1 つは“目の錯覚”です。どうみても、縦線のほうが長くみえます。これは人間の目は、図表 4 のように対象物が歪んでみえるレンズだからです。

〔図表 4　錯覚〕

　2 つ目は、人間はすぐに忘れる“記憶”を持っているということです。昨日のお昼は何を食べたかを簡単に忘れてしまいます。

　3 つ目は、“論理の錯覚”です。これは内田百聞さんの“1 円の行方”です。

　「旅人が 3 人、宿に着いた。宿代は 1 人 10 円。旅人は 3 人分 30 円を支払った。宿の主人は旅人が知り合いということで割引し、女中に 5 円返すようにいった。女中は 5 円は 3 人で割れないので、2 円を自分の懐に入れ、残りの 3 円を、旅人に 1 人 1 円ずつ返した。

　ここで、お金の流れを整理してみる。最初に払ったのは 30 円。

　結果として旅人は 9 円ずつ支払ったことになり、女中の懐には 2 円。旅人が払ったのが 9 円× 3=27 円、女中の 2 円を足すと、29 円になる。

　さて、1 円はどこに消えた？」

このように、人間は少し込み入った論理になるとわからなくなってしまうのです。これらが、筆者のいう3つの錯覚であり、対象物に深く潜入していない例でもあります。

15. 1日は惜しむべき重宝なり

悟りは必ずしも修行の長さだけではない

これは、道元師(曹洞宗)の教えを受けた老禅師の言葉です。

これも1日1日を大切に過ごせという教えですが、この言葉の意味を正しく捉えたら、限られた日々を大切に生きることを教えてくれています。

老禅師の中にはやさしさもあります。「今日は寒いねといわれたら、寒いですねと答えるやさしさである」

筆者は数十回座禅に参加しました。老禅師の教えは座ろうという気持ちになったら"悟った"と考えてよいとの教えです。親鸞も心から念仏しようと思いついたら"悟った"と考えてよいことを教えています。

悟りは必ずしも修行の長さだけではありません。1つの決心の大切さを教えてくれているのです。

16. 過去の悪さをいくら指摘しても意味がない

現状を正しく把握していないで、適切なアドバイスが生まれるはずがない

要は今から何をすればよいか導くことです。

「こぼれたミルクは拾えません」、かつて筆者にトヨタ生産方式を現場で教えてくれた先生の言葉です。

「私はあなたの工場の改善のやり方の悪さを指摘しにきたのではない、今からどうすればよいかのアドバイスをするために、現状の把握が必要なのです。だから、正直に現状を教えて欲しいのです」

工場改革には、現状の正しい認識の把握が必要です。現状を正しく把握せずに、適切なアドバイスが生まれるはずがありません。

17. 自分に今できないことをやったら英雄だ

自己に与えられた才能を生かすには、多くのことをやろうとしてはいけない

　英雄はスーパーマンだけではありません。人に知られなくても、自分が今までできないことをやったら英雄 (超人) です。

　このように、今までできないと思ったことをやる意味＝「力への意思」、これはニーチェの教えです。

　人間は自己の能力を過小評価する傾向があります。これに気づいていない人が多いのです。資格への挑戦もその1つです。

　人は過小評価する割に多くのことをやりたがるのです。他人が何といおうと変人に思われようとこれだけは人に負けないという大切な点に気づかなければなりません。一生は1回です。自己に与えられた才能を生かすには、多くのことをやろうとしてはいけないのです。会社の仕事もこの気持ちでやると大きく変わってきます。

食品加工業の生産性向上のポイント　　　FL法改善事例：業種別
CoffeeBreak

食品加工業に共通する特徴
①人が多い（パート）

　食品加工業の多くは、食品を製造する製造工程と食品を包む梱包工程で構成される。製造工程は機械による加工が中心であり、機械を動かす作業者が数名いる。食品加工業の多くは、当日の注文に対して当日出荷になるので、常に出荷に追われて包装工場では皆忙しくしているようにみえる。1分でも短い時間で作業する、1人でも少ない人員で作業する、といった具体的な改善が行われておらず、必要以上の人員で日々作業している工場がほとんどである。食品加工業の後工程（食品を製造した後の工程）は付加価値を生まないケースがほとんどなので、徹底的短い時間、少ない人員で作業するという発想が必要となる。

②監督者が作業に没頭

　現場リーダーとして作業者を監督すべき監督者が、作業者と同じように朝から晩まで実作業に埋没している。中には工場長が自ら作業を毎日朝から晩までやっているという工場

もある。食品加工業の工場では、他の業種と比較して管理者に対する管理者教育が不足しているように感じる。実作業を長くやってきた人が管理者となるが、管理者として何をすべきか教えられていない。結果として、管理者になっても慣れている実作業に埋没してしまっている。食品加工業は特に現場リーダーの育成が生産性向上のカギとなる。

③冷蔵庫の表示不明

製造工程と梱包工程の間には、製造した食品（半製品）を貯蔵して置く冷蔵庫がある。食品の種類によっては冷蔵が不要のため倉庫に貯蔵して置く場合もある。この冷蔵庫の管理ルールが決まっていない、もしくはルールが守られていないため、食品をムダに廃棄しているケースが多い。多くの場合、製造工程では1度に加工する分量が多く、後工程が必要とする分量以上に加工してしまうため、結果として冷蔵庫に不要在庫が残る。

製造工程の効率化だけを追求しても意味がない。出荷情報をもとにした工場全体の生産計画の仕組みづくりが必要となる。

食品加工業の成功事例（カット野菜工場）

この工場で行った改善ポイントは、「冷蔵庫の管理ルールの見直し」・「時間を入れた作業指示の仕組み」・「廃棄ロスの記録」である。まず、冷蔵庫の中に様々な食材が置かれているのだが、明確な表示もなく何がどれだけ置かれているのかもわからない状態だった。

この工場では、野菜をカットする製造工程とカットされた野菜を計量して袋に入れる包装工程に分かれ、製造工程が済んだものを冷蔵庫に入れ、包装工程は冷蔵庫から包装するものを取り出すという流れだった。冷蔵庫の中では、包装工程が必要なものが不足して、必要ないものが多く置かれており、これらの多くは廃棄処分されていた。そこで、包装工場が必要なものだけ置かれるルールを決め、製造工程が必要以上に多く製造してしまうことを改善した。次に、製造工程でカット機械に対して、1時間当たりにカットできる分量を決め、1時間ごとに何の野菜を何キロカットするかという時間の入った作業指示を出すことにした。これにより、野菜のカット出来高が3割ほど上がった。そして、廃棄される野菜について工場全体が無関心になっており、管理者は使えない野菜の部分は捨てるのが当然という発想だった。そこで、廃棄している野菜キロと廃棄理由、廃棄による損失金額を集計することにした。すると、そもそも廃棄にならずに済んだ野菜がたくさん出てきたため、1つひとつ廃棄を減らすルールを決めながら廃棄金額を下げていった。

これらの活動を通して、毎年赤字体質だった工場が黒字化を実現した。

第 5 章
社内不良・クレームを減らす逆説的真理

1. クレームを減らすには社内不良を増やせ（逆説的真理）

クレームを減らすための逆説的真理を知れ

　クレームとは、社内の品質保証の網から不良が顧客に渡ってしまうことです。本来クレームは社内で発見しなければなりません。

　社内不良の検出感度を上げていくと、図表5のように社内不良の件数は増えますが、結果的には今まで見逃していた不良品をみつけられるようになりクレームが減ります。

　クレームを減らすには社内不良を減らすことだと考えています。これは間違いです。

〔図表5　逆説的真理〕

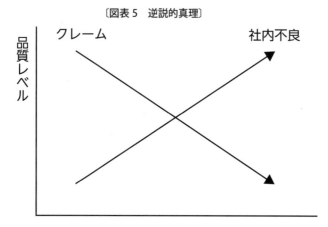

2. 協力会社へ依頼した部品加工や完成品の受け入れ検査をやめなさい（協力会社の品質がよくなる）

社長の行動が変わり、現場に出て真剣に作業者の仕事をみるようになる

　この目的は、協力会社の社長と契約を結ぶことです。

　協力会社の品質責任者は社長ですから、雇われた管理者と是正処置ごっこをいくらやっても外注品質はよくなりません。

　筆者の指導は「来月から、受け入れ検査はやらない。その代わり、お客様

にクレームを出したら、すべて協力会社の社長責任で対応すること」です。

　実は、この契約が社長の行動を変えます。

　まず、現場に出て作業者が真剣に仕事をやっているかをみるようになることです。

　協力会社の品質責任者は社長ですから、雇われの管理者ではありません。

　この契約により、社長が現場に入り、自分の目で作業者を観察するのです。

　今までの社長は雇われ管理者に任せているだけですが、ここに問題があるのです。これを改善すれば協力会社の品質が飛躍的に向上します。

　ただし、依頼先の社長が、例え協力会社がクレームの責任を取るといっても、お客様に対しては自社の品質部門長にも責任があるのではないか、ということであれば、受け入れ検査を止めることはできません。ここにデリケートな問題があります。

3. 現場リーダーの 2 つの重要な役割

自工程で不良をみつけることが品質管理の極意である

【現場リーダーの 2 つの役割】

①正しい標準を作業者に教えること

②検査まではいかなくても、自分がやった作業に間違いないか

　　自工程の責任を持たせること

　上記を「できばえ確認」といっていますが、これは検査ではありません。

　改善リーダーはこの「できばえ確認」の指導ができたら本物です。自工程で不良をみつけることが品質管理の極意です。

　検査は検査規格が必要で、かつ合格の判定記録を残さなければなりません。

　「できばえ確認」は、この検査が不要であり、作業者が正しい作業をしたかの自己確認になります。次工程に不良品を送らない仕組みづくりです。

　これができたら、次の工程であるお客様に不良品は渡りません。

　すなわち、品質保証とは自工程で不良をみつけることですから、ここに気づかなければなりません。

4. 幌馬車の御者は現場リーダーの役割に合致する

御者である現場リーダーが作業者に埋没していてはコントロールできない

西部劇に出てくる幌馬車に例えてみましょう。

御者が頑強な馬を5〜6頭"たずな"をひいて高原を速い速度で走っているとき、アパッチが襲ってきます。御者がアパッチに撃たれると地面に転がり落ち、そして幌馬車が20〜30m行って横転します。

要は中小メーカーでは、御者(現場リーダー)がいなくてモノづくりしている状態が散見されるのです。御者である現場リーダーが作業者に埋没していては、作業者をコントロールできないでしょう。

中小メーカーでは、製造部門長まで作業者に埋没しているケースがあります。現場リーダーを作業者から離すことが必要です。工場長まで作業者に埋没しているケースさえあります。

これは、幌馬車に例えるなら御者がいなくて馬(作業者)だけが勝手に動いている状況にあるといえます。これでは工場がよくなるはずがありません。

中小メーカーはこの重要な事実に気づいて欲しいです。

5. 中小メーカーの社長の悩みがわからない

管理者は本来経営者でなければなりません

実は、赤字なのに何をすれば黒字になるかがわからない経営者が少なくありません。概して、管理者は経営を勉強していないから、赤字なのに社長に機械が古くなっているので品質確保できないから新しい機械の導入を依頼します。新しい機械を買えば、より赤字になるのは当然です。

古い機械のメンテナンスの工夫をしないで、すぐに新しい機械を買いたがるのです。管理者は本来経営者でなければなりません。しかし、この種の勉強はほとんど行われていません。

あるとき指導していた食品メーカーの社長が駅まで送ってくれた際に、「先生、うちの管理者は赤字なのに、改善の工夫は何もしていない。赤字を本当

に心配しているのは、社長である私だけです」と寂しげにいっていました。

6. 品質保証の基準が明確になっていない

品質保証とは何か

　品質保証とは、製品の品質が定められた水準にあるのを保証することです。

　つまり、定められた水準がわかっていなければ品質保証は成り立ちません。

　しかし、この水準がはっきりしないまま作業をしている工場が多いです。

　例えば、製造後に仕上げ作業を行っている工場では、この仕上げを行う作業者が仕上げの基準を理解していないケースがあります。

　ある成形工場では、成形機 8 台で成形して、その後 5 名の作業者で仕上げを行っていました。作業をよく観察すると、5 名の仕上げ精度がバラバラでした。几帳面な人は時間をかけてじっくり作業し、せっかちな人は時間をかけずにさっと作業します。

　そこで、仕上げの基準「どこまで仕上げをすればよいのか」を聞いてみると作業者ごとに感覚で行っていて、はっきりとした基準はありませんということでした。そんなことはないだろうということで、品質担当者を呼んで、仕上げの基準について聞くと、顧客から指示された基準がきちんと存在することがわかりました。

　しかし、問題は、その基準が仕上げ作業を行う 5 名に伝達されていないことなのです。この工場では、品質担当者は、製造現場に出ていくことはなく、仕上げ工程の作業者とのコミュニケーションは皆無でした。

　そこで、品質担当者と仕上げ工程の 5 名で集まって話をしました。仕上げ工程がどこまで仕上げればよいのかという基準を顧客ごとに、製品ごとに話し合いました。

　その結果、仕上げ作業の手順が決まり、仕上げ作業のばらつきは改善されたのです。

　この話は、他人事ではありません。工場には、似たような状況が溢れかえっています。品質基準は製造現場に伝わってこそ意味があります。

　この視点から、製造現場を見直してみましょう。

7. 生産性目標は達成するまでやめてはいけない

基本を正しく理解し改善を確実に進めていかないと、目標達成は難しい

　生産性目標を決めたらやる気と情熱が必要です。

　一部の中小メーカーの経営者は、生産性が少し上がると後は自分達でできると指導を中断するケースがあります。しかし、中断しては、それ以上生産性は上がらず、再度の指導依頼となります。基本を正しく理解し改善を確実に進めていかないと、目標達成は難しいのです。習い事のように、守破離のステップで進める必要があります。仮に目標を100里の道としたら、99里行って、やっと50%達したと捉えることです。

　最後の1里に必要な改善が残っているのです。

8. 駄目な管理者の尻をけとばせ

いくら口でいっても聞かない駄目な管理者に効果的

　アメリカでは、"尻をけとばせ (Kick In The Ass)"、といわれその言葉の意味そのものが有力とされています。駄目な管理者にはいくら口でいっても聞かない人が多いので、この駄目な管理者の尻をけとばすと効果があるそうです。筆者もこの方法は効果があると思いますし、現に社長を批判したり、社長指示に従わない管理者には適切でした。社長のやり方に抵抗する管理者は尻をけとばせばよいのです。

9. ピグマリオン効果を生かせ

教える側が真剣に教えれば、教わる側も真剣になる

　「あいつはいくら教えても理解してくれない」という管理者は意外に多いものです。しかし、よく考えると、管理者は真剣に指導する気持ちで教えているかです。

　トヨタ生産方式を確立した大野さんは、きちんと教えればちゃんと理解し

てくれるといわれた。教える側が真剣に教えることがピグマリオン効果です。

　教えるには十分な準備（わかりやすい指導書など）が必要であり、その気持ちで臨めば、指導を受ける側は真剣に学ぼうとします。

　禅の言葉に "啐啄同時" があります。これは、教える側が真剣に教えれば、教わる側も真剣になるという意味です。

　この心を持って指導することです。

10. 経営者はトヨタ生産方式を導入すると直ぐに効果が出ると勘違いする

1つひとつ基本をマスターし実践することで、どんどんよくなっていく

　本来、トヨタ生産方式は習い事で用いる「守破離のステップ」の流れで進めます。しかし、中小メーカーの社長はトヨタ生産方式をはじめると直ぐに効果が出ると勘違いする人が多いようです。

　トヨタ生産方式では正しいモノづくりを教えます。

【トヨタ生産方式での正しいモノづくりの捉え方】

ステップ①ムダを理解

　　　※ムダとは仕事からお金を生む仕事を除いたもの

ステップ②作業者にやる気をもってもらう教育が必要

　　　　※作業者がやる気を持たないで仕事をやっても生産性が上がる

　　　はずがない

　今まで、月1回の指導で10年間指導を続けた中小メーカーが6社ありますが、その内の1社は国からグッドカンパニー賞を受賞しました。

　トヨタ生産方式は、漢方薬といってよいでしょう。

　1つひとつ基本をマスターし実践することで、中小メーカーはどんどんよくなっていきます。

　その理由は、作業者がやる気を持ち、仕事が好きになってくるからです。

成形加工業の生産性向上のポイント

成形加工業に共通する特徴
①材料在庫が多い

　この材料は大手樹脂メーカーから購入することが多い。材料の発注単位は 25 キロとなり、多く発注すれば単価も安くなる。材料を発注する担当者は、翌月以降の受注予測をもとに、在庫量を引き算し、必要量を発注する。しかし、データ上の計算で算出した分量を発注しているため、実際に材料の現物を管理していない。中には、材料倉庫で材料をみることすらしていない材料発注者もいる。結果として、不要な材料在庫が増え、使用できなくなると破棄していた。パソコンに頼らず、材料倉庫に置いてある材料の現物を目でみて管理できる仕組みが必要となる。

②ロット大きく仕掛品が多い

　成形機で製造する際は、製造ロットが決まっており、その製造ロット単位で製造する。

　必要数（＝顧客からの注文数−在庫数）よりも製造ロットが多いと、必要以上に製造してしまい、仕掛品在庫が増える。この仕掛品在庫のために、本来必要ないコストがかかり生産性を下げている。製造ロットの見直しを図ること、段取りり時間を短縮すること、必要数のみ成型する生産計画の仕組みを構築することが必要となる。

③金型交換に時間がかかる（使用する金型を探す時間が発生）

　成形機で製造する製品が変わると、材料や機械のセット、金型の交換という段取り作業を行う必要がある。この段取り作業自体、成型機を止めて行うわけなので付加価値を生んでいない。したがって、生産性を上げるには段取り時間を短縮しなくてはならない。段取り作業では、金型を探すことに多くの時間を要しているケースが多い。金型がどこにあるのかをみつけ、その金型を取り出し、移動して成形機に設置する。そして、材料を投入し、機械をセットして最初の良品が出てくるまで調整するが、この段取り時間を短縮する発想がなく、段取り時間は長くかかるからなるべく段取り回数を減らそうとしている。

　115・167 頁などで説明した 1 日改善会を活用し、段取り時間を徹底的に減らすことが生産性向上のポイントになる。

第 6 章
さらに生産性を上げる知恵・考え方

1. 仕事を見直すチャンス

外国人研修生を受け入れのポイント

　あなたの工場でも、外国人研修生を受け入れていますか。というのも、筆者が工場へ行くと、外国人研修生の皆さんが元気に挨拶してくれます。若く、まじめに働いてくれて大きな戦力になっているのではないでしょうか。

　一方で、外国人研修生は原則として３年で帰国するという制約があります。

　そのため、せっかく仕事を教えても、仕事ができるようになったときにはいなくなってしまうことがほとんどです。しかも、日本語が直接通じないため、仕事を教えるにも時間がかかります。多くの工場では、外国人研修生を受け入れると、「教えるのに時間がかかって、むしろ負担が大きい…」「新しい研修生が来ると、　また１から教えないといけない…」といった声が聞こえてきます。

　また「どうすればいいですか」という相談も増え、そのような相談に対しては、「仕事を見直す絶好のチャンスです」とご回答しています。

　結論からいうと、教えるのが大変だから、日常の仕事が楽になるように改善すればいいのではないでしょうか。例えば、日本語が通じないのなら、言語に依存しない色、記号、数字を使えないかと考えます。具体的には、検査前の製品と検査後の製品が混在しているとします。このとき通常、多くの工場では『未検査品』とか『検査済み』といった表示をしています。でも、これは、日本人でも急いでいたら間違う可能性があるのです。

　実際、間違っている人も多いです。多くの工場でみられる現象です。

　そこで、未検査品には『黄色』表示検査済みなら『青色』表示をすれば、誰がみてもすぐに判断がつき、間違うことはほぼありません。急いでいても、信号の色を間違える人はいません。教え方についても、作業手順や注意点を文書化していないために、教えるのに時間がかかる場合もあります。

　その場、その場で直観的、部分的に教えるので、断片的な情報となり記憶が定着しません。さらに、口頭での説明で、わかったつもりでも実はわかっていない場合も多いのです。次の日にはすっかり忘れています。

　これでは、日本人に教えても同じです。経験と勘に頼るのではなく、書いたものを残してあげれば劇的に時間短縮できるのです。

　外国人研修生に対して、「教えるのがたいへんだけど、続ける」「教えるのがたいへんだから、変える」のどちらを選択するかは自由です。

　いずれにしても、仕事を楽にするという発想は、外国人研修生の受け入れに限らず工場全体に当てはまります。仕事を教えるのがたいへんと感じたら、仕事の教え方を変えるのではなく、仕事のやり方を変えるという発想を持ちましょう。教えるのが楽になるような仕事のやり方に改善すべきです。

2. 現在、中小メーカーを教える　正しい生産コンサルタントが少ないのが問題だ

生産コンサルタントは中小メーカーの中で指導、改善体験があることが重要

　工場の体験なしに、有名なコンサルタントになった人もいます。そのコンサルタントは、トヨタ生産方式を中小メーカーが求めていることを知って、コンサル会社をつくってPRし成功しました。しかし、その責任者には泥臭い現場体験はありません。ですから、中小メーカーの社長が生産コンサルタントを選ぶとき、有名かどうかでなく、中小メーカーの中で指導、改善体験があるかをみなければなりません。やはり、生産コンサルタントは、国家資格である技術士（経営工学）を持った人が好ましいです。

3. 真の生産コンサルタント

森全体をみないで、葉っぱや小梢に着眼するのは問題

　真の生産コンサルタントは工場全体(森全体)をみます。

　モノづくり最大のムダは、作業者に時間を入れた生産指示を出していないことです。ですから、作業者にやる気が出ません。

　真の生産コンサルタントは、作業者にやる気を出させる仕組みをつくることからスタートします。森全体をみないで、葉っぱや梢に着眼しているのは問題です。

真ではない生産コンサルタントは、各工程で1番長く時間がかかっているところから10%改善するアプローチをします。ですから、工場全体の生産性を上げるのに時間がかかります。特にネック工程(1番生産能力のない工程)以外の工程の時間短縮改善をしても、生産性に響きません。

　トヨタ生産方式を知らない、IEを勉強してきた生産コンサルタントにこの傾向があります。

　筆者にも時々「生産コンサルタントを2年間もお願いしているが、生産性は少しも上がらない」と嘆く社長から、相談があるのです。そのときは、「部分工程改善しても全体の生産性に響かないですよ」とアドバイスします。

4. 駐車場に魂と車を置いて体だけで工場にいくな

作業者は駐車場に魂と車を置いて体だけ工場に行く＝指示されたことだけしかやらない

　大会社の工場改善を成功させたある経営者は、以下のように話したといわれています。

　「従来、当社の従業員は駐車場に魂と車を置いて、体だけが工場に来ていた。しかし、今は違う。当社の社員は駐車場には車だけを置いて、魂と身体を一緒に工場へ連れて来て、改善提案をどんどん出してくれている。実はこれが経常利益に貢献している」

　筆者はこの話を聞いて、作業者こそ、遅れがちな作業を知っており、改善提案を出して欲しいと思っています。

　中小メーカーでは、この作業者の改善を生かそうとしていません。

　働いている作業者の持っている改善力を生かしてこそ工場はよくなります。しかし、中小メーカーの社長はここに気づいていません。

　"通常の改善提案"はほとんど役に立っていません。

　それは、作業者のやっている実務に結びついていないからです。

　作業者は1人ひとりの才能を持っています。この才能を実務に結びつけて改善するのです。これこそ、作業者自身、自ら自己の力量を上げる仕組みが必要で、これが作業者のやる気に結びついてきます。

本来、現場リーダーは作業者の指導者であるが、作業者になっているので、部下の力量を上げることができません。ほとんどの管理者もこの重要さに気づいていません。

5. 受注が少し増えると管理者は
　直ぐコンピュータによる生産システムの導入を求める

コンピュータシステムは、作業指示（日産計画）とリンクしていない

コンピュータによる生産管理システムで上手く行っている事例はありません。それは、全受注に対して段取り時間と加工時間をベースとした生産計画ではなく、例えばA製品の納期に間に合わせるには、何日前にどの工程を通過するかをみているだけです。

ですから、多くの製品が特定の生産工程に集中し、計画通りに生産できません。これはコンピュータシステムの弱点であり、作業者に出す時間を入れた作業指示(日産計画)とリンクしていないのです。中小メーカー向けトヨタ生産方式のシンプルな方法のほうが適切です。

最近いわれているDXとは、デジタルの力を使いビジネスプロセスを再構築することです。時間短縮、コスト削減、利益増加に繋がると期待されています。

例えば、BOM（部品表）は、複雑な機械製品1台につき数万点以上の部品から構成されエクセルをみるだけでは、データとして活用できません。

そこで、DX化により、BOMが3DCADと連携し、設計変更時の手戻りの削減や在庫量を最小工数で管理できるなどが期待できます。

6. 資材責任者は調達日数を下げるアクションを取っていない

在庫が時々欠品するのは正常

驚くべきことですが、中小メーカーの資材責任者は、部材調達日数を削減するアクションを取っていません。

原材料や部材の単価は下げられないが、調達日数を下げれば、購入量も資

材在庫も減ってきます。3年以上も調達日数を減らしていない中小メーカーが少なくありません。この原因は、資材責任者に調達日数を減らす決算効果に気づいていないからです。

7. まだアイデアの出し方が足らん！

潜在しているアイデアを顕在化

言葉 (言語) として出てくるアイデアはほんの一部にすぎません。

脳に詰まっている未だ言葉 (言語) にいたっていないアイデアを言葉 (言語) として顕在化するにはどうすればよいのでしょうか。

それは「情熱」と「直観力」です。これはマイケル・ポランニーの主張です。マイケル・ポランニーは、ノーベル賞をとれる実力のある科学者であったのに、哲学者になりました。それは、多くの科学者に潜在しているアイデアを引き出してもらい、さらに科学発展に繋げるためだったのです。

彼の処女作は『非言語から言語』です。潜在しているよいアイデアを顕在化する情熱と直感を働かせよと主張しています。

筆者はこの考えに魅せられるぐらい非常に大切な意識です。

彼は、暗黙知の提唱者として知られていますが、脳に眠っているアイデアを引き出せないムダは計りしれません。

8. 中小メーカーは顧客の図面でつくるので 設計部門はほとんど持っていない

モノづくりのよし悪しは設計で決まる

中小メーカーで設計部門を持っているところは少ないですが、設計に時間がかかり、後工程の製造が納期に間に合わない事例が多いです。

設計部門はネックです。例えば、設計者が製造工程をよく知らないでCADで線を引く訓練ばかりやっていて、製造からの設計変更が多いことがあります。

設計者の資格要件をきちんと決めないと工場はよくなりません。

9. 拙速の意味は改善速度を上げること

改善を早くやれば、拙いこともすぐにわかる

　この"拙速"はトヨタ用語の 1 つですが、誤解をしやすいので正しい解釈を示しておきます。通常、この用語は「拙くてもよいから早くやれ」と捉えやすいです。そうではなく、早くやれば拙いことが早くわかるから、すぐ次の改善の手が打てるという意味なのです。

　とにかく"改善を速くやれ"というのが教えです。今の管理者や現場リーダーは改善の着手が遅いので、この警告なのです。

10. 欠品しないで部材購入量を最小にする方法

計画買いと補充買い

　①計画買い：受注してから部材を発注して入手してから納期が間に合う購入方法

　　　　　（例：段ボール発注・入荷後からの製造で納期に間に合う買い方）

　②補充買い：受注してから部材を発注しては納期が間に合わない場合の購入方法

補充買いの発注点と発注量の決め方と運用が重要

【射出成形原料の A 材の発注点 (残りが 何袋になったら発注する) の決め方】
・A 材の 1 年間の使用料が 800 袋 (1 袋は 25kg)・A 材の調達日数は 6 日
・1 年間の勤務日数 312 日とする
1 日平均使用 800/312 日 =2.56 袋 /1 日使用量発注点
=2.56 袋 / 日× 6 日 (調達日数) = 15.36 袋
※発注量は発注点の 1 割アップで計算：15.36 × 1.1=16.9　よって発注量は 17 袋

　このようにすべての購入部材について発注点と発注量を決めて現品に表示します。この考えで全購入部材の発注点と発注量を決めていきます。

　50 人規模の中小メーカーでの月数百万円程度の赤字ならば、この方式で黒字化になります。欠品しない最小の部材購入方法を学んでもらいたいです。

11. バラつきに着眼した品質不良撲滅法を学べ

つくり方の違いに着目せよ

　ある工場で化粧用容器の成形品で3%のバリ不良が出ています。この場合、ほとんどの管理者は「3%の不良原因は何か」と問いかけます。こういう問いかけでは原因究明は難しいです。

　3%の不良とは、97%の良品ができているということでもあるからです。

　この良品の情報を活かすことです。すなわち、3%の不良と97%の良品をつくる場合の「つくり方の違い」をみつけていくのです。このアプローチはKI法（磯部邦夫先生が確立した方法）といいます。今回の場合は良品も不良品も同じ成形条件（温度とショットタイム）でつくっています。ですから、良品と不良品のつくり方の違いをみつけるには、温度とショットタイムを変えてみて良品ができる領域（温度とショットタイム）と不良品ができる領域（温度とショットタイム）を実験でみつけていくしかありません。

　技術課長と品質保証課長が実験を行い、良品領域（条件）をみつけました。

　3%の不良原因がわからなくても、100%良品ができる条件がわかればよいのです。

〔図表6　化粧用容器のバリが出ない良品条件〕

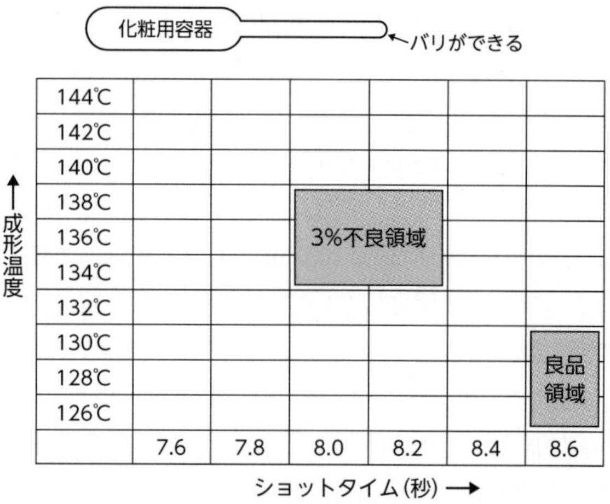

図表6を参照してください。不思議なことに、この良品条件がわかると真の原因が見つかるケースが多いのです。

12. 平均値で考えると処置を間違える

平均値は大事な情報を打ち消してしまう

かつて磯部先生(東京工業大学品質管理教授)は、「平均値を発明したのは誰か」と怒っておられた。図表7のA君、B君の成績をみてください。

〔図表7　試験成績の平均値〕

	国語	英語	平均点
A君	10点	90点	50点
B君	51点	49点	50点

この成績からわかるようにA君、B君とも平均点は同じです。A君、B君に2人とも平均点50点だから、もっと勉強しなさいは間違いです。平均点をとった瞬間大事な情報を打ち消してしまうのです。

正しいアドバイスは、A君には国語10点は問題です。英語の勉強をほどほどにして国語の勉強しなさいです。B君には2科目ともほぼ平均点なのでもっと頑張りなさいが正しいアドバイスです。

今、多くの人は平均点をとりアクションを取ろうとしていますが、これは間違いだと気づいて欲しいです。磯部先生は我々にこれを気づかせてくれたのです。

13. エリマールの決意(発想転換)

発想転換には苦労が伴う

ブラジルのフルカワ・インダストリアルSA社のロレーナ工場の工場長だったエリマール氏 が、JIT方式の勉強のため来日した際、帰国前日の夕食に同席する機会を得ました。ビールで多少酔いが回ったときの会話です。

エリマール：「近江(筆者)さん、生産性を向上するには工場長が発想転換する必要があるといわれたが、どうやったら発想を変えられるか」

筆者　　：「(冗談半分に)嫌いなタイプの女性を好きになるか、または嫌いな食べ物を好きになるか、どちらかに挑戦するくらいの覚悟がないと発想の転換はできないよ」

　わかった、そのどちらかに挑戦してみるといって、彼は帰国しました。筆者自身多少酔っていたせいもあり、そのことは半ば忘れていました。

　1年後、筆者は彼が工場長をしているロレーナ工場に、JIT方式の指導に出向きました。その最初の指導の夜、彼から招待された夕食のメインディッシュは魚のフライでした。

　彼はこれまで1度も魚を食べたことがなかったそうです。驚いたことに、帰国前に筆者が冗談半分でいったことを彼は覚えていたのです。

エリマール：「(何度も繰り返しながら)近江さん、魚はうまい。私は、嫌いな食べ物を好きになるほうを選んだ」

　エリマール氏は自身の意識を変えるため、奥さんと一緒に魚を食べることに挑戦したのです。

　エリマール氏のユーモアもさることながら、筆者はモノづくりの考え方を変えるには、慣れ親しんだ自分の生活習慣を変えるほどの苦労が伴うことを、改めて教わった気がしました。この一件で、筆者はエリマール氏に親しみと共感を覚えました。

14. 改善時間を創出しよう

高い目標を達成するためには改善時間が必要

　当たり前のことですが、高い目標を達成するには、そのための改善時間をつくらなければなりません。筆者は、これを"改善時間創出"といいます。

　日常業務の忙しさの中から、この時間をつくり出すという発想です。

　このためには、1日1.5時間は改善時間を創出する必要があります。

　時間に余裕があったら改善するのではなく、目標を必達させるために"改善時間創出"するのです。本来、改善は目標を達成する有力手段なのです。

15. 組立作業 1 個流しの価値

1 個流しが生産効率を上げる秘訣

　1 人が①，②、③、④各工程作業ができると、1 人で 4 工程行うことが可能となります。これを多能工化といいます（図表 8）。

〔図表 8　コの字型 1 個流し作業〕

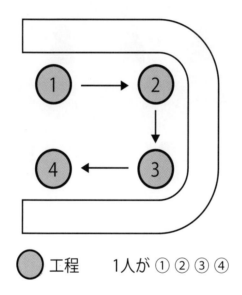

　多能工化すると生産性が倍増します。

　通常、①工程から④工程までの作業を、それぞれ 1 人ずつ計 4 名で行っているケースが多いのです。これが儲からない作業の典型でもあります。

　1 人が多能工化して複数工程作業を行うのです。これが「1 個流し」といい生産効率を上げる秘訣です。

　トヨタ生産方式でいう、"取り置きのムダ"(工程間にとったり、置いたりするムダ) をなくせるのです。 この組立作業の 1 個流しのやり方を理解できない中小メーカーの管理者が意外に多いのが問題です。

ベルトコンベア作業のムダ

ベルトコンベアも生産性を落とします（図表9）。

食品工場の指導事例で説明します。7名の作業者がお惣菜を1つの容器に片手で1個ずつ入れます。お惣菜を入れるのに1人につき4秒かかります。

一方で、現状1つの容器に7名が片手作業で28秒かかる作業を1人が両手を使い入れたら7秒でできてしまうのです。

〔図表9　ベルトコンベア作業のムダ〕

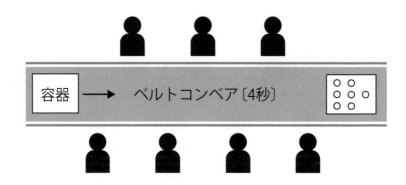

出来高が6倍になりました。いずれにせよ、モノづくりにおいてベルトコンベアでは生産性は上がりません。

16. JIT は品質をよくする

JIT(必要な工数でつくる) を正しく理解せよ

JIT（ジャスト・イン・タイム）は必要な作業の時間を決めることです。

作業者に時間の入った作業指示は出来高を3割上げるだけではありません。やる気をもってもらう仕組みであり、さらに品質をよくします。

例えば、与えられた時間に対して(例:1個つくるのに5分±20秒でつくるとする)8分かかったとき手直ししたのであれば、品質問題が潜んでいます。3分でやったら手抜きがあり、品質問題 が潜んでいるわけです。

要は5分±20秒でやることが品質をよくすることになります。これに気づかなければなりません。

中小メーカーはこの事実を知らないので、作業者に時間を入れた指示をすることなく、口頭の指示によるため、社内不良を増やしているのです。

モノづくりの正しい理解と実践なしに、工場改革はできません。

17. 中小メーカー約45万社の多くは決算に苦しんでいる

"賃上げ"は結果。利益が増えなければ、賃上げできない

政府は賃上げを要求しているが、ほとんどの中小メーカーは経営が苦しいので、賃上げはムリでしょう。

賃上げをするには、生産性を上げる必要があります。"賃上げ"は結果であり、生産性の向上が原因です。政府はこの原因に一切触れていません。

モノづくりには、シンプルに生産性を上げることがポイントです。このシンプルな方法を教える生産コンサルタントが極めて少なく、ここにも問題があります。

政府や経団連は賃上げという結果だけを要求しますが、必要なことは、現在の中小メーカーの生産性をお金をかけないで上げる生産コンサルタントの指導も不可欠です。

どうしたら、お金をかけずシンプルに生産性を上げることができるでしょうか。ほとんどのコンサルが、その具体的な指導をしていません。

"生産性を上げるにはどうするか"を考えずに、大手のやるDXやIT化に踊らされている感があります。

中小メーカーはお金がなく決算に苦しんでいるのに、大手がやるお金がかかる方式を行ったら、増々赤字が増えるだけです。なので、賃上げや生産性を上げろは何の意味も持ちません。

モノづくりの真髄は人にあります。すでに、筆者の確立している中小メーカー向けのトヨタ生産方式の教科書を参考にしてください。

4カ月で30％の生産性を上げる方法が学べます。それを筆者は中小メーカー500社以上で実証しています。

板金・鉄工業に共通する特徴

①生産計画がない

　板金・鉄工業は主に、切断、穴あけ、曲げ、溶接という工程を経て完成品を仕上げていく。各工程には図面と納期限情報が渡され、各作業者は納期に間に合うように自分の工程を進めていく。しかし、工程全体を踏まえた生産計画がないため、最終工程である溶接工程に部品が提供されないことがある。また、切断から曲げまでの工程では、各工程が作業しやすい順に加工していくため、後工程で必要のない数量まで加工し、仕掛品が大量に発生している。切断から溶接、出荷までの全体を網羅した生産計画の仕組み構築が必要となる。多くの板金・鉄工業では生産管理部門が存在しない。だから、工場長を中心として工場全体の生産管理体制を整える必要がある。

②納期遅れが多い

　板金・鉄工業はなどの情報があいまいなまま製造を開始しているケースが多い。

　特に建設関連の業種では顧客側も納期がはっきりしていない場合もあり、製造の前に設計が入るとさらに納期があいまいになっていく。顧客から営業部門を通して納期変更などの情報が伝わらず、納期直前に特急品扱いになってしまうケースもある。

　また、主要顧客の仕事を優先的に進める中で、その他の顧客の仕事が後回しになったり、納期調整を繰り返している工場も多い。納期情報を一元管理し、納期遅れにならないような生産計画の仕組みづくりが必要となる。

③監督者が作業に没頭

　切断、穴あけ、曲げ、溶接といった各工程にはリーダー的存在の監督者がいるが、毎日自ら作業に没頭している。現場リーダーは、まず後工程が必要とするものを加工するという意識を持つこと、工程内の各作業者に作業指示を出さなければならない。

　そのためにも自ら 100％作業に入っていてはならない。

　まずは、監督者の意識改革をしなければ生産性は向上しない。

第7章
目でみてわかる仕組みの構築と運用

1. 目でみる管理は異常に早く気づくこと

計画と実際の差が問題発生なのである

　FL 法は、工場の問題を検出させるため、5 つの管理板を設置します。受注管理板、部材入荷管理板、週生産計画管理板、日産計画書、出荷管理板、です。

　これらの管理板は、すべて計画板であり、この計画と実際の差が問題発生のポイントなのです。この "差" こそ、今まで潜在していた問題を、顕在化させてくれるからです。いずれの管理板も、問題を検出させる装置であるとともに、計画通りに進捗させてくれるという 2 つの役割をしてくれます。

①**受注管理板**：この管理板は、顧客にいつ、何を、いくつ納入するかを目でみる管理板。受注状況を誰からみても一目で把握できる。

〔図表 10　受注管理板の例〕

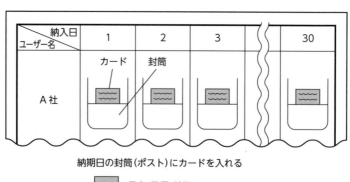

納期日の封筒（ポスト）にカードを入れる

　　品名、数量、納期
　　を示したカード

②**部材・外注入荷管理板**：この管理板は、部材がいつ入荷するか、外注依頼品がいつ入ってくるかがわかる目でみる管理板。部材の入荷状況を一目で把握することができる。

〔図表11　部材・外注入荷管理板の例〕

納入日＼ユーザー名	1	2	3	〜	30
A社	〜	〜	〜		〜

入荷日の封筒にカードを入れる

材料名、数量、入荷日
を示したカード
カムアップシステムで入荷を確認する

③週生産計画管理板：この週生産計画は、今週どの機械がいつ、何を何個製
造するかを示したもの。機械の稼働予定を一目で把握
することができる。

〔図表12　週生産計画管理板〕

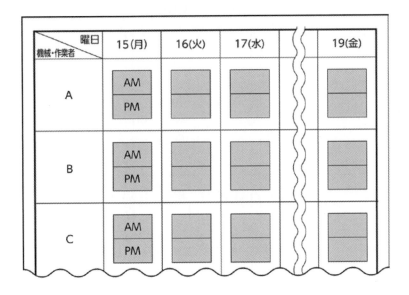

曜日＼機械・作業者	15(月)	16(火)	17(水)	〜	19(金)
A	AM / PM				
B	AM / PM				
C	AM / PM				

④**日産計画書**：作業者ごとに、何時から何時までに何を何個つくるのか作業指示を出すための指示書。今日、各作業者が何をどこまでやるかを一目で把握することができる。

〔図表13　日産計画書〕

目次：		作業者：		
時間	計画	実際	差	備考
8：00～ 9：30	A 製品 10	10	0	
9：30～12：00	B 製品 15	15	0	
13：10～15：00	C 製品 18	18	0	
15：00～17：00	D 製品 10	8	−2	機械停止
17：00～17：30	D 製品　2	2	0	

⑤**出荷管理板**：この管理板は、出荷便など出荷の詳細を目でみる管理板。いつ、どこへ出荷するか 一目で把握できる。

〔図表14　出荷管理板〕

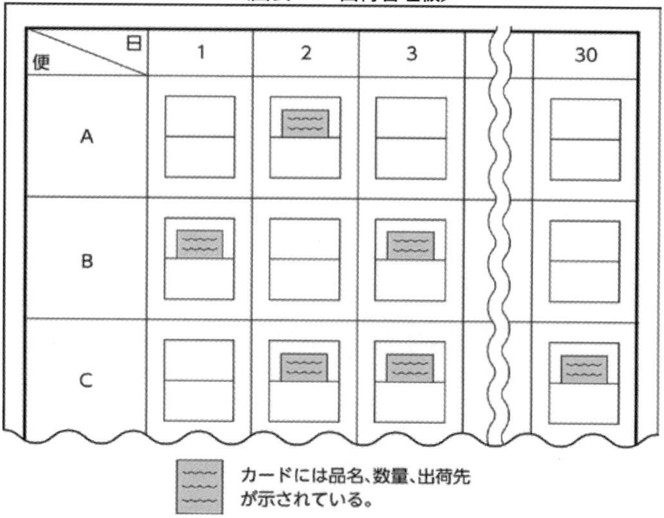
日
便
1
2
3
30
A
B
C
カードには品名、数量、出荷先が示されている。

2. 中小メーカーにおいて、社長が現場に出ないケースが多い

モノづくりの問題はすべて現場にあることに気づかない

　中小メーカーにおいて、経営問題はすべて現場にあります。しかし、社長は現場に行かずに、すべて管理者に任せている場合が多いです。もちろん、毎日現場に出る社長もいますが、ごくわずかです。 モノづくりの問題はすべて現場にあることに気づかないのです。社長は現場に出て現場の問題を把握しなければなりません。管理者の報告は現状を正しく報告されていなければなりません。中小メーカーの社長は自らの目で現場を把握しなければなりません。この大切な社長のやるべきことを理解してください。

　マンディーノは社長の身体を通して現場に潜入せよといいました。この言葉はモノづくりの本質をついています。モノづくりにおいては、今考えている方法では問題解決はしないでしょう。KI 法のすばらしさ、に気づくことです

（KI 法については、70 頁をご参照ください）。

3. 今のモノづくりでよいのかと問わずして日々を過ごす　中小メーカーがほとんど（哲学でいう反省）

多くは、同じ仕事のやり方をよいと思って続けている

　モノづくりにおいて、1 人の管理者であっても、今の仕事のやり方を続けてよいのかという問題意識を持つことが求められますが、ほとんどの人が気づいていないのは実情です。同じ仕事のやり方がよいと思って続けているのです。

　若い作業者の中には、もっと違うやり方に関心や疑問を持っている人がいるでしょう。しかし、これに同調してくれる現場リーダーや管理者はいないのです。

　現場リーダーの真の教育は「問題のない所に問題をみつける」、このトヨタ的発想がないと工場はよくなりません。

哲学を学べ

Coffee Break

　筆者が指導に活用している3つの哲学用語を紹介します。哲学書は、難しく書かれていますが、興味と関心を持って繰り返し読んでいくと、独学であっても、少しずつ理解ができるようになります。

　哲学書は"幸せ"と"生き方"を教えてくれる価値あるものと捉えています。

①力への意志

　人間は誰でも「成長したい」という欲動があります。この欲動を強く持つことをニーチェ(ドイツの哲学者、1844〜1900)は、「力への意志」といいました。この力は、今までの自分ではできないと思っていたことをやり遂げさせてくれます。FL法は"常識打破"(今までの常識を破った改善をすること)に価値をおきます。だから「力への意志」は、常識打破をさせてくれる欲動を与えてくれます。

②ピューシスとアレーテイア

　ピューシスとは、真の姿をいいます。アレーテイアは、真の姿を隠している"かすみ"をとることをいいます。FL法は、深い観察によって、真の問題を追求します。だから、深い観察とは、真の問題(ピューシス)を隠しているかすみをみつけることです。改善とは、かすみをとるアレーテイアに相当します。

　これは、ハイデガー(ドイツの哲学者、1889〜1976)の言葉です。

③ポイエーシスはプラクティス

　ポイエーシスとは、制作することや改善することです。プラクティスとは、人が成長することです。この言葉は、ポイエーシス(改善)を進めていくと、それに応じて人が成長していることを意味します。

　FL法は、高い目標達成に向けて改善を進めていくのです。このプロセスを通し、改善力がつくと同時に人づくり(人格が高まってくる)と捉えます。

　FL法で、モノづくり(ポイエーシス)は人づくり(プラクティス)であり、ポイエーシスはプラクティスと合致します。これはハイデガーの言葉ですが、真実の法則だと筆者は理解しています。

第 8 章
品質向上のための役割

1. 計測器の校正費を半減する

品質保証部門の人が気づかない盲点の1つ

　計測器の校正費について、品質保証部門の人は、税金のように固定費であると考えています。これは大きな間違いです。この校正費は大幅に削減できるのです。

　筆者はこの校正費を半分にできるセミナーをこれまでに50回以上実施して、ロングセラーになっています。

　このセミナーを受講した、N大手メーカーは、年1回で240万円する校正費を払っていました。セミナーを聞いて、半分以下に校正費を削減し、喜ばれています。これも品質保証部門の人が気づかない盲点の1つです。

2. 検査員に時間指示をせよ

時間指示のない検査は品質保証検査にならない

　検査を行っている検査員に日産計画書(時間指示あり)を出さないで検査を行っている会社が多いです。実は、検査時間を入れて検査を行っていない場合は真に品質保証検査をしていることにはなりません。

　製造では、標準時間を決めて作業を行ってもらっているのに、検査は標準時間を決めて検査をしているケースが極めて少ないのです。時間指示のない検査は品質保証検査になりません。品質部門長はこの事実に気づかなければなりません。

3. ISO9001のQMSにおけるポイントは 生きた内部監査を行っていること

有効性の検証は、遵法性より重要な検証である

　内部監査には2つの意味があります。

　1つは、QMSの遵法性であり、標準がきちんと機能しているかにあります。

　これが、遵法性の監査です。もう 1 つの切り口は、QMS の標準が守れる価値があるのかについての効率性、すなわち有効性の検証です。

　これは、遵法性より重要な検証です。

　しかし、内部監査においては、遵法性に力点が置かれているのが現状です。

　大いに反省しなければなりません。QMS の遵法性より、有効性 (守れる価値がある文書になっているかの検証) にあることの認識が欠落しています。これに気づかずに、遵法性の監査をして "指摘はゼロです" と得意になっている工場がありますが、何をいわんやです。

4. クレームは工場長が謝りに行け

顧客の怒りを直接キャッチせよ

　多くの中小メーカーはクレームを出すと品質保証部門長や技術部門の人が謝りに行くでしょう。工場長や製造部長が行くと何をしゃべられるか心配して、クレームの謝罪に出さないケース が多いようです。これは間違いです。

　クレームを出した責任者である工場長 (又は製造部長) が直接クレームの謝りに行き、顧客の怒りを直接キャッチしなければなりません。

　これは、当たり前のことですが、意外に実施されていないのです。この点を見直してください。

5. 優秀な人から抜け

社員はリストラされる心配なく安心して実務に専念できる

　景気が悪くなると、すなわち、受注が落ち込んでくると、高齢者か女性か、病弱な人から辞めてもらうという風潮がありますが、それは正しくありません。人抜きは優秀な人から行っていくのです。これはトヨタ生産方式の基本です。"優秀な人から抜く" が大原則です。

　JIT 改善によって、人が浮いてきたら、まず優秀な監督者や作業者から抜いていきますが、この人たちが改善メンバーになるのも 1 つのケースです。

　そして、生産性向上のための治工具づくりや保守活動を行います。

機械故障が発生したとき、外部の専門業者に故障修理を依頼すると、1回につき7〜8万円の修理費用を取られてしまいますので、これを社内の保守マンが直せるように保全力をつけるのです。この改善の年間結果により、優秀な保全者を製造部長にする仕組みをつくっているメーカーがあります。

　優秀な人から抜いて、新規の仕事をやってもらうケースもです。この仕組みをつくれば、社員はリストラされる心配なく安心して実務に専念できます。

成形加工業の生産性向上のポイント　　　FL 法改善事例：業種別
Coffee Break

成形加工業の成功事例　（成形加工業に共通する特徴については 62 頁参照）

　ある工場で行った改善ポイントは、以下の3つである。

①材料の整理整頓　②時間を入れた作業指示の仕組み　③内製化の徹底

　材料倉庫には30種類ほどの材料が置かれ、毎日多くの材料がトラックで入荷していた。

　この材料の荷受けを取り扱う物流班が3名おり、材料の管理や移動を行っていた。一方、材料を発注する生産管理担当、製造を行う成形担当との間に材料を管理するルールがなく、材料を発注する人は発注して終わり、成形担当は余った材料を倉庫に勝手に戻す、物流班は入荷した材料を空いている場所に置くだけで、まったく材料の管理の仕組みがなかった。

　結果として、材料が大幅に余り、倉庫がいっぱいになって通路にとりあえず置いていくような状況であった。

　そこで、材料の管理ルールを決め、材料に明確な表示を行い、倉庫に目で見て管理できる仕組みを構築した。材料発注の詳細を知らない社長が倉庫に来ても異常がわかるようにした。これにより材料の購入金額が下がり、生産性の数字が上昇した。

　また、成形機ごとに時間を入れた作業指示を出した。従来は、今日成形する製品名と数量だけ指示を受けており、すべて完了するまで仕事をするという習慣で、結果として残業時間が膨大に増えていた。しかし、時間を入れた作業指示を出すことで、何時までに何を何個成形するかが明確になり、残業時間が大幅に減ってきた。

　さらに、成形加工を外注工場に依頼していた分を見直し、社内の生産計画の制度を上げることで、できるだけ社内で成形するようになり、外注費が下がった。

　このような取り組みを行うことで、生産性が30％上昇した。

第 1 章
コロナの影響により
大幅受注減で赤字化と改善成果

1. 売上減少・赤字発生

FL 法改善のはじまり

生産管理課長 ：（青ざめた表情で）中村工場長、大変な事態です。
（内藤）　　　　月 7,000 万円の売上が 2,000 万円減って月 5,000 万円とな
　　　　　　　り月の赤字が 500 万円になりました。
工　場　長 ：（深刻な表情で）そうか。困ったことになった。とりあえず
（中村）　　　　至急各課長を集めてくれ。実は本日生産性向上のセミナー案
　　　　　　　内がきた。

【 セミナー案内 】

『 中小メーカーの経営者へ！ＦＬ法（中小メーカー 向けトヨタ方式）の秘訣 』
　　下記 3 つをやるだけで、「生産性３０％向上」「クレーム・ 不良激減」
　　を実現できる

　①作業者に時間（日産計画）を入れた指示を出す
　　　注）モノづくり最大のムダは作業者に時間を入れた指示を出していないこと
　②現場リーダーをラインから離し日産計画を出し進捗管理する
　③ポストイットで週生産計画をつくる
　　　（現場リーダーはこの計画をみて日産計画を立てる）

　この①、②、③ の実施で上記目標必達
　・ 26 年間 460 メーカーで検証済み
　・ 講師の近藤技術士（経営工学・生産管理）が、お金をかけない
　　 シンプルな工場改革法 を開発・実践

製 造 課 長　：今、残業も全員で月 1,000 時間やっていますが、定時まで
（阿部）　　　　何をどこまでやるかを指示しないで残業してもらうのは、よ
　　　　　　　　く考えたらおかしいですね。現場リーダーもすべてが作業者
　　　　　　　　として埋没させていることも問題です。

生産管理課長　：今野生産計画係長には、納期に間に合う計画をつくらせてい
　　　　　　　　ますが、作業者の時間指示は出していません。残業は製造が
　　　　　　　　勝手に決めています。

工 　場 　長　：（決心した表情で）どうもこのセミナーは聞いてみる価値が
　　　　　　　　ありそうだ。私と内藤生産管理課長と阿部製造課長の３人で
　　　　　　　　聞くとしよう。生産管理課長、至急セミナー参加の申請をし
　　　　　　　　てくれ。何か我々の今までのやり方に、根本的誤りがあるか
　　　　　　　　もしれない。コロナ影響を受けなくても決算はトントンで新
　　　　　　　　しいやり方をしないと倒産してしまう。

２. セミナーに参加し指導依頼

モノづくり最大のムダに気づく

工 　場 　長　：（相当な決意表情で）まず１番驚いたことがある。
（中村）　　　　『モノづくり最大のムダは作業者に時間指示していないこと
　　　　　　　　だ 。初めて聞いた真実だ 』
　　　　　　　　よく考えたらうちの作業者は３８名いるが、定時まで何をど
　　　　　　　　こまでつくるかの指示を出さずに残業（1,000 時間／ 全作業
　　　　　　　　者月当）をさせているのは、大きなムダだ。 これも赤字の主
　　　　　　　　原因かもしれない。何でこんな大事なことに気づかなかった
　　　　　　　　のか。とにかく生産コンサルタントの指示にしたがって工場
　　　　　　　　改革を進めてみよう。

生産コンサルタントへ当社の組織図、受注状況及び製品の流れの概要説明

生産管理課長　：まず近藤さんに、 当社の現状を知ってもらうため図表 15 の
（内藤）　　　　組織図、製品構成及び受注状況についてご説明します。

〔図表 15 組織図、製品構成及び受注状況〕

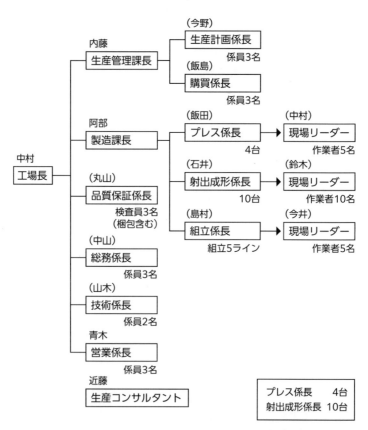

製品数50種製造
① 射出成形加工・プレス加工、組立するメーカー
② 射出成形原料 30種　プレス加工部材 10種
③ 1日受注件数　10〜20件
④ 納期期間　10〜20日（受注から出荷までの日数）
⑤ 主要客：60社

直接作業人員	
生産管理	8名
プレス	7名
射出成形	12名
組立	7名
検査	4名
合計	38名

プレス係長	4台
射出成形係長	10台

生産コンサル　：最初にそれを説明してもらえると貴メーカーの概要がわかり
（近藤）　　　　ありがたい。

現状の生産性を把握し生産性目標を決定

生産コンサル　：（強い口調で）貴工場では工場が 1 か月間よい仕事をやった
　　　　　　　　かの尺度がありませんね。この生産性の尺度が必要です。

【現状の生産性】

$$月別生産性 = \frac{売上(5{,}000 万円) - 部材費(3{,}000 万円) - 外注費なし}{作業者３８名 × 7 時間 × ２１日 \quad (残業１０００時間／３８名／月)}$$

　　　　　　現状生産性＝３，０３６円／人・時

　　　　　　経験的損益分岐点 4,000 円／人・時以下は赤字です。だから、
　　　　　　工場長や課長の皆さんはこの生産性目標を 4,000 円／人・時
　　　　　　以上に持っていく目標が必要です。
　　　　　　重要なことはこれを達成すれば黒字になるのです。中小メー
　　　　　　カーに種々の業種があり、鍛造、基板製造や精密製品を製造
　　　　　　している場合は、 4,000 円／人・時以上になっているケース
　　　　　　はありますが、 いずれにせよ現状の 30％生産性目標を決め
　　　　　　ます。 通常の中小メーカーは、4,000 円／人・時が損益分岐
　　　　　　点になります。
　　　　　　大手工場では現状 10,000 円／人・時以上が通常です。 大幅
　　　　　　に黒字です。 大手はすでに特殊技術力 (コアコンピタンス)
　　　　　　を持っているからです。
　　　　　　いずれにせよ決算はこの生産性と比例的関係にあります。
　　　　　　現状、すでに 4,000 円／人・時以上のメーカーも 30％生産性
　　　　　　目標を決めるのです。上記の生産性の式をみてください。
　　　　　　分子は工場が確保した粗利(現金)です。分母は作業者のトー
　　　　　　タル時間です。

工 場 長　：とにかくこの生産性目標を決め、必達させることですね。

生産コンサル：工場長、その気づきこそが第 1 です。次に改善チームをつく
　　　　　　　ります。

リーダーとメンバーで改善チームをつくり、社長（工場長）宣言書を提出

生産コンサル：工場長、生産性目標達成させるには改善メンバーを決めるこ
　　　　　　　とです。このメンバーには 50 歳以下が必要です。

製 造 課 長　：どうして 50 歳以下なのでしょうか。

生産コンサル：私の指導体験から 50 歳を過ぎると現状志向が強く、新しい
　　　　　　　仕組みに対し抵抗します。ただし、工場長に自身の情熱年齢
　　　　　　　は 50 歳以下だと宣言があれば入ってもらいまいましょう。

工 場 長　：課長と現場リーダーがメンバーを決め、下記に示します。

【改善リーダーとメンバー 】

　改善リーダー：製造課長・阿部

　メンバー　　：生産計画係長・今村　購買係長・飯島　射出成形係長・石井
　　　　　　　　プレス係長・飯田　　組立係長・島村　射出現場リーダー・鈴木
　　　　　　　　組立現場リーダー・今井　プレス現場リーダー・中村

生産コンサル：このメンバーで結構です。そして、このリーダーとメンバー
　　　　　　　で生産性目標を何月までに必達させるということを明記して
　　　　　　　社長（または工場長）宣言書として出しましょう。
　　　　　　　生産コンサルタント の指導は、月 1 回 10 か月～ 12 か月で
　　　　　　　達成させることができます。
　　　　　　　この期間を決めることで、メンバーの意気込みが変わってき
　　　　　　　ます。 本当は、命がけで取り組む覚悟が必要です。
　　　　　　　生産性目標は簡単には上がりません。 社長（または工場長）
　　　　　　　宣言書の目標必達はメンバーの改善力をつけてくれます。

工 場 長　：それでは、具体的な生産性目標達成の生産計画の仕組みのつ
　　　　　　　くり方を教えてください。

生産管理課長：弊社の現在の生産計画は、基本的には納期が間に合えばよい
　　　　　　　というあいまいな指示になっています。

3. 具体的生産計画の仕組み構築

日産計画のつくり方

生産コンサル　：まず、日産計画のつくり方から説明しましょう。図表 16 が
（近藤）　　　　日産計画です。作業者への時間を入れた指示書です。

〔図表 16　日産計画〕

日時：		作業者：		
時間	計画	実際	差	備考
8：00 ～ 9：30	A 製品　10	10	0	
9：30 ～ 12：00	B 製品　15	15	0	
13：00 ～ 15：00	C 製品　18	18	0	
15：00 ～ 17：00	D 製品　8	8	-2	残業で取り戻す
17：00 ～ 17：30	D 製品　2	2	0	

　　　　　　　　すでに説明したように、モノづくりの最大のムダは、この日
　　　　　　　産計画を出していないことです。
　　　　　　　　この日産計画を出さないと作業者はサボっている訳ではない
　　　　　　　のですが、生産性は落ちます。
　　　　　　　　すなわち、お金を生まない「おばけ」が出て、お金を生まな
　　　　　　　い仕事をしてしまっているのです。だから時間指示するだけ
　　　　　　　で３割以上も生産性が上がるのです。
製 造 課 長　：近藤さん、この事実に気づきませんでした。「おばけ」につ
（阿部）　　　　いてご説明ください。
生産コンサル　：わかりました。実は、この日産計画は作業者にやる気を持た
　　　　　　　せる重要な役割を持っています。
　　　　　　　　では、時間指示がないとなぜ生産性は上がらないのでしょう
　　　　　　　か。甲府にある携帯電話の中心液晶部分を製造している工場
　　　　　　　の事例で説明します。
　　　　　　　　その工場の社長より印刷の生産性が上がらなくて後工程に印
　　　　　　　刷品が流れず赤字になっているので、とにかく印刷の生産性

を上げて欲しいと依頼されました。

印刷機が 16 台あり、1 人につき 1 台持ちで作業者は 16 名でした。

1 日 480 分の作業時間で午前 10 時と午後 3 時からの 2 度 10 分休憩をとり、正味 460 分が印刷作業時間です。この印刷物は小さいので、1 枚 20 秒でできます。

〔図表 17　印刷作業の実施〕

●おばけ = お金を生まないムダな時間帯

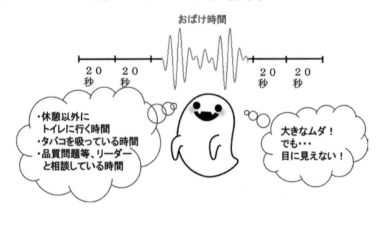

ところが、

$$\frac{1 \text{日} 460 \text{分}}{1 \text{日の印刷枚数}} = 40 \text{秒／枚}$$

実際は、20 秒／枚でできるのに、40 秒／枚もかかっており、1 日半分しかお金を生む仕事をしていませんでした。

そこで現場を観察すると、時間指示がないため、作業者は休憩時間以外で勝手にトイレへ行ったり、不良が発生すると事務所のリーダーのもとへ相談に行ったりしているのです。

私はこれを「おばけ」といっています。

「おばけ」はお金を生まない時間のことです。

そこで、1 枚 20 秒だから 1 時間 180 枚できる日産計画（図表 18）を出したら、作業者はこのとおりやってくれました。他の改善なしにこの時間だけで生産量は倍になったのです。なんと生産量は倍増（100％向上）です。

これが時間指示で生産性が上がる秘訣なのです。

中小メーカーの経営者や管理者は「おばけ」の悪さにまず気づくことが必要です。

私の指導経験から、この時間指示を行うことで、他の改善をしなくても生産性が 30％以上は向上します。　この事実にも気づいてほしいのです。

〔図表 18　1 時間 180 枚できる日産計画〕

目次：		作業者：		
時間	計画	実際	差	備考
8:00〜 9:00	180	180	0	
9:00〜10:00	180	180	0	
10:10〜11:00	150	150	0	10:00〜10:10休憩
11:00〜12:00	180	180	0	
13:00〜14:00	180	180	0	
14:00〜15:00	180	180	0	
15:10〜16:00	150	150	0	15:00〜15:10休憩
16:00〜17:00	180	180	0	

工　場　長：モノづくりの最大のムダが作業者へ時間指示がないことだと
（中村）　　実感して理解できました。

製造課長他：（皆とまどった表情で）作業者に時間指示を出さないと、「おばけ」というムダが多いことに驚きました。

日産計画を出す現場リーダーをラインから離し、５つの基本業務に専念

生産コンサル　：まず考えていただきたいことは、現状、現場リーダー（監督者）が作業者に埋没していることです。これを不思議に思わないことこそが不思議です。現場リーダーが作業者になっていると生産性が上がると無意識に考えている管理者が多いのですが、これは錯覚です。この現場リーダーをラインから離し、本来業務を教えることが必要です。

製 造 課 長　：射出成形は作業者が 10 名いますから現場リーダーはラインから離します。しかし、プレスと組立の作業者は５名です。この場合の現場リーダーの役割はどうなりますか。

生産コンサル　：（落ち着いた表情で）よい質問です。例えば、部下の作業者８名以上いたら、現場リーダーはラインから離れてよいのです。また、部下５名だったら、現場リーダーは１日８時間のうち、４時間のみ現場リーダー業務をやり、４時間は現場作業をやりましょう。このように弾力を持ったさばきが必要です。いずれにせよ「現場リーダー」を決める価値に気づくことです。ここで、現場リーダーの５つの重要な役割をまとめましょう。

【現場リーダー５つの役割】

①**作業者に日産計画を出す**　※これが現場リーダーの重要な役割

②**進捗管理をする**　　　　　※この進捗管理を「工場管理」という

　例：遅れたら原因追究と対策をする

③ **水すましをする**

　※水すまし：運搬係や作業者が次にやる材料を準備して置くこと

④**作業者の力量アップの指導をする**

　※驚くべきことに中小製造業では作業者の力量を上げる人がいない

⑤**作業者の出した不良は現場リーダーの責任とする**

　※現場リーダーの教え方が悪いから作業者に不良を出させたと考えること

ポストイット計画板のつくり方、はりつけ方の実践

生産コンサル：次にポストイット計画の前に受注状況を教えてください。

生産管理課長：下記が受注情報です。

【受注情報】

①１日の受注件数は１０〜２０件

②納期期間は１０〜２０日（受注から出荷までの日数）

③主要客は３０社

④製品は射出成型品とプレス部品の組立

　※組立製品は６０種から構成され９５％以上がリピートの標準品のため

　　比較的つくりやすい

生産コンサル：それではポストイット計画の立て方に入りましょう。

　　　　　　　　このポストイット計画こそ工場の基本の週生産計画です。

　　　　　　　　まず、週生産計画表であるポストイット計画板（図表19）

　　　　　　　　をつくることが第１ステップです。

〔図表19　ポストイット計画板（＝週生産計画表）〕

工程　　日		1日	2日	3日	4日	5日	6日	7日	8日
射出成形機	1号	□□	□□	□□	□□	□□	□□	□□	□□
	2号	□□	□□	□□	□□	□□	□□	□□	□□
	3号	□□	□□	□□	□□	□□	□□	□□	□□
	9号	□□	□□	□□	□□	□□	□□	□□	□□
	10号	□□	□□	□□	□□	□□	□□	□□	□□
プレス	1号	□□	□□	□□	□□	□□	□□	□□	□□
	2号	□□	□□	□□	□□	□□	□□	□□	□□
	3号	□□	□□	□□	□□	□□	□□	□□	□□
	4号	□□	□□	□□	□□	□□	□□	□□	□□
	5号	□□	□□	□□	□□	□□	□□	□□	□□
組立ライン	1ライン	□□	□□	□□	□□	□□	□□	□□	□□
	2ライン	□□	□□	□□	□□	□□	□□	□□	□□
	3ライン	□□	□□	□□	□□	□□	□□	□□	□□
	4ライン	□□	□□	□□	□□	□□	□□	□□	□□
	5ライン	□□	□□	□□	□□	□□	□□	□□	□□
梱包検査	1ライン	□□	□□	□□	□□	□□	□□	□□	□□
	2ライン	□□	□□	□□	□□	□□	□□	□□	□□
	3ライン	□□	□□	□□	□□	□□	□□	□□	□□

注：①□ ポストイット計画

　　②− 計画なし

例えばA製品（20個）受注したとします。　A製品は射出成形品とプレス部品を組み立てることで仕上がります。射出成形機1号でA品を20個つくるには、段取り時間と加工時間を合わせて60分かかるとすると図表20-aとなります。

〔**図表20-a　ポストイット計画のつくり方**〕

射出成形品

1号	段取時間 20分	加工時間 40分
A品 × 20 個		

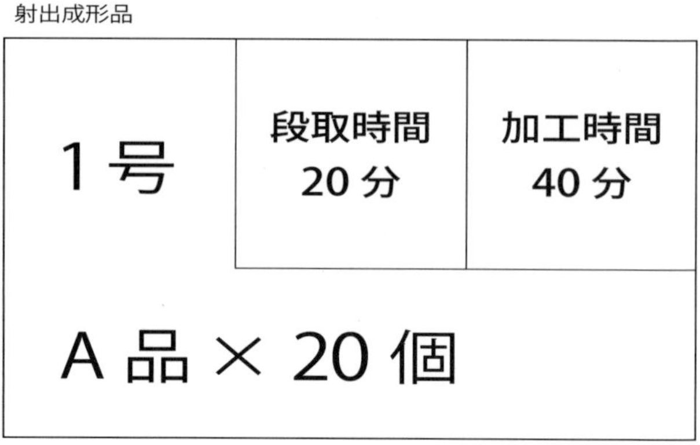

同じくプレス作業に45分かかるとすると図表20-bとなり、その2ラインを組み立てると図表20-cとなります。

〔**図表20-b　ポストイット計画のつくり方**〕

プレス部品

2号	段取時間 15分	加工時間 30分
A品 × 20 個		

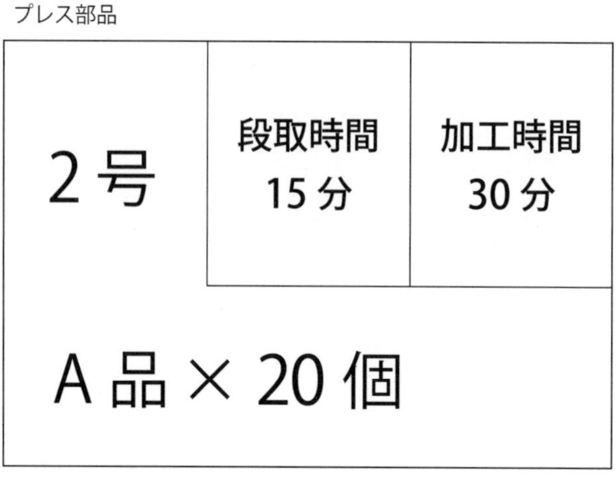

上・右図のようにポストイットに記入して図表19のポストイット計画板にはりつけていくのです。

毎日の受注件数が 10 件とするとこの 10 件分を工程設計し、ポストイットに明記したものをはりつけます。

前日までの受注分は、すでにはりつけられているので、本日分を追加していくのです。

〔図表 20-c　ポストイット計画のつくり方〕

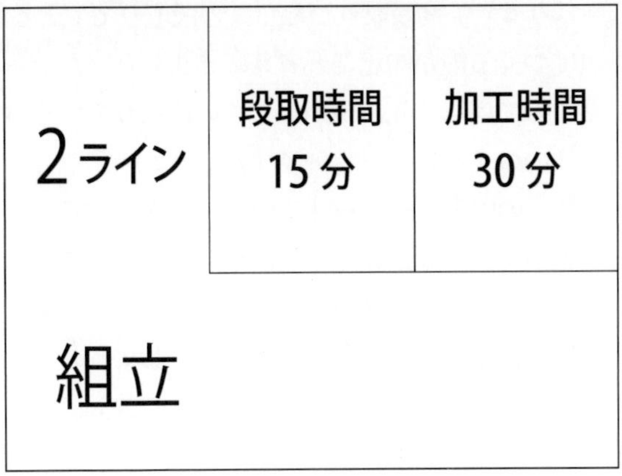

2ライン	段取時間 15 分	加工時間 30 分
組立		

受注したら改善メンバーがこの受注分をすべてポストイットで工程設計しポストイット計画板にはりつけますが、1 日の勤務時間は 460 分ですからはりつけていって 460 分になったら翌日にはりつけるか、または他の機械にはりつけていくのです。これが「おばけ」が退治されたお金を生む時間だけの計画になります。

だから、このとおりにつくれば 30% 以上生産性は上がります。その日の受注分のポストイットを全改善メンバーではりつけるところまでやるのが改善メンバーの役割です。

全 管 理 者：よくわかりました。「おばけ退治」には作業者に時間指示を出すこと。この時間指示は現場リーダーが出します。この日産計画を出すにはポストイット計画板をみてつくります。現場リーダーを作業から離し現場リーダーの本来業務をやります。そして、自分の出した日産計画の進捗管理をやるのです。現場リーダーの重要な役割を知りました。

4. 段取り時間の短縮と生産性向上は密接な関係がある

段取り時間短縮の価値

生産管理課長
（内藤）：当工場では1回あたりの段取り時間を短縮させるという発想はなく、1度段取りしたらこの段取りでできる製品をまとめてつくるのが知恵だと考えてきました。だから納期順につくるのではなく先の納期品をこの段取りでつくってきました。このつくり方は正しいですか。

生産コンサル
（近藤）：多くの中小メーカーはそのつくり方をしています。しかしそのつくり方は正しくありません。それをやると、本日必要なモノだけつくるという基本を崩してしまいます。一見効率的にみえますが、納期遅れを出してしまうのです。

製 造 課 長
（阿部）：今までこのやり方が知恵だと考えてきました。今後どうしたらよいでしょうか。

生産コンサル：それには1回あたりの段取り時間を半減することです。それに気づかないと生産性は上がりません。とにかく1回あたりの段取りを半減していく改善をしていくことに、気づくのです。正しいモノづくりは、段取り回数を少なくするのでなく1回当たりの段取り時間を短く（半減が好ましい）してどんどんモノの流れを速くしていくのです。

製 造 課 長：よくわかりました。今後1回あたりの段取り時間を短縮する改善を進めていきます。

生産コンサル：トヨタ用語では「段取り時間の短縮に始まり、段取り時間の短縮に終わる」があります。　段取りは次の作業に必要ですが、段取り作業はお金を生みません。

だから1回あたりの段取り時間の短縮に意味があるのです。ここで知っていただく大事なことがあります。それは1か月間の全作業時間の中で約3割が段取り時間を占めていることなのです。　段取り時間を半分に短縮したら、生産性は15%

向上するのです。ポストイット週生産計画とこの段取り時間短縮により生産性は 45％以上も上がるのです。

段取り時間の短縮法

製 造 課 長　：それでは具体的に、段取り時間を短縮する方法を教えてください。

生産コンサル　：段取り時間には「外段取り」と「内段取り」があります。

「外段取り」とは次の段取りに必要な金型やその他の工具類を機械側に持ってきて置くのです。

これだけで段取り時間は 15 〜 20％短縮できます。

「内段取り」は機械を止めて段取り作業を行うことです。

段取り時間の定義は前の金型をはずし、新しい金型を取りつけ調整し、良品ができるまでの時間です。

そして、段取り時間を 10 分以内に持っていくことを、「シングル段取り」といいます。

さらに、内段取りにおいても技術的に改善工夫、例えばワンタッチ化などをして、外段取りに持っていくのが「内段取りの外段取り化」といいます。

ここまですれば内段取り時間は大幅に減ります。

これはＩＥの専門家新郷重夫さんの優れたアドバイスです。

また 1 日で大きな改善する方法を 1 日改善会といいます。

段取りを 1 日改善会すると大きな改善が生まれます。

現在、プレスの段取り時間は 13 分かかっていますが、私が 1 日改善会のリーダーとなって半分以下にします。

第 2 編第 1 章の 9（115 頁）1 日改善会の価値を参照してください。

5. プレス部品、射出成形原料、梱包材の発注方法の仕組み構築

資材在庫が多い

生産管理課長 : 実は当社で部材購入は係長が2日に1回資材置き場に行き、
(内藤) 在庫が少なくなっていたら、経験と勘で発注量を決めています。欠品すると大問題になるので、どうしても多め多めに発注してしまい、部材在庫が増えてしまいます。これを適正な購入するにはどうしたらよいでしょうか、教えてください。

生産コンサル : そのためには購買リストを明確にする必要があります。まず
(近藤) 図表21のプレス加工部材購入リストと、図表22の射出成計原材料及び梱包購入リストをみてください。

〔図表21　プレス加工部材購入リスト〕

部材	取引先	調達日数	最小購入ロット	計画買い	発注点	発注量	備考
A社	イ社	10日	3ケ		20本	25本	
B社	ロ社	2日		○			
C社	ハ社	15日	3ケ		10本	12本	
D社	ニ社	5日	2ケ		10本	12本	
E社	ホ社	10日	3ケ		8本	10本	

〔図表22　射出成形原料及び梱包購入リスト〕

部材	取引先	調達日数	最小購入ロット	計画買い	発注点	発注量	備考
F社	ホ社	10日	5袋		30袋	33袋	
G社	ヘ社	2日	5袋	○			
H社	ト社	7日	5袋		10袋	12袋	
I社	ニ社	10日	5袋		15袋	18袋	
段ボール	ハ社	2日		○			

　この購入リストをつくるところからスタートします。

　購買係長が経験と勘で発注していたら購入額が増え、資材在庫はどんどん増えていきます。欠品すると大問題になり、会社のお金で買うのだからとどんどん増えていくのです。

購買リスト作成及び発注点と発注量の決め方と運用

購 買 係 長　：飯島です。それではどういう発注方式にすればよいですか。

生産コンサル　：飯島さん、経験と勘ではなく、まず「発注点の決め方」です。

　　　　　　　　例として射出成形原料F材の発注点の決め方を説明します。

　　　　　　　・F材は1年間の使用料が1,000袋（1袋は25kg）

　　　　　　　・作業者1年間の勤務日数320日

　　　　　以上の2点で計算すると、

　　　　　　1日平均使用 1,000 ／ 320日＝ 3.13袋／1日使用量

　　　　発注点＝ 3.13袋／日× 10日（調達日数は10日）＝ 31.3袋

　　　　よって、発注点（＝残りが何袋になったら発注する数）は、32袋になります。

　　　　また発注量ですが、発注点の1割アップで計算します。

　　　　ですから、この場合は、発注点の1割アップ＝ 33袋ということになります。

このようにすべての購入部材について、発注点と発注量を決めて現品に表示するのです。この考えで全購入部材の発注点と発注量を決めていきます。

調達日数が2日と短いものは在庫を持つ必要がなく、2日後に使用する表示をすればよいのです。

このように資材を計画的に購買することが、購入額を最小にする秘訣です。

発注者の心得

生産管理課長 ：よくわかりました。この方法でやれば最小の購入額と最小在庫で管理できそうです。まず、この仕組みを実施します。これが本来の発注者の基本業務ですね。それでは次に発注者の心得を教えてください。

生産コンサル ：よい質問です。ある購買部長の教えです。

それは「自分のお金で買うとしたら、こういう買い方をするか」です。

購買者は責任者を含め、この気持ちで発注が必要です。

よく指導で欠品はありませんかと質問すると、欠品ありませんと自信を持って答える購買責任者が多いのですが、これは自慢になりません。

必要以上に余計に買っているのですからね。

筆者は時々欠品するのが正常と捉えています。

特に購買責任者の問題は、**①調達日数を減らすアクションをとっていないこと、②新規取引先を開拓していないこと、③まとめて買うと単価を安くすること**という取引先の戦略にのり、必要以上の部材を購入し在庫を増やす。

これは生産性を落としてしまうのです。

さらに、購買責任者と担当は3年以上担当させてはいけません。3年以上になると取引先と癒着し取引先の利益代表になり、当工場に損害を与えます。

　　　　　　　　経営者はこれに気づく必要があります。

生産管理課長：実は 購買係長に発注業務 8 年やらせていますが失格ですね。

生産コンサル　：失格です。これに気づいたことが大改善です。購買者は取引
　　　　　　　　先の納期遅れについても甘い。納期遅れはクレームと同じよ
　　　　　　　　うに厳しく捉えるのです。取引先の責任者はやとわれ管理者
　　　　　　　　です。取引先の責任者は社長です。
　　　　　　　　要は購買責任者は生産性向上の重要な役割を担っているので
　　　　　　　　す。

6. 生産コンサルタントによる具体的現場指導展開

現場リーダーをラインからはなし本来業務（5 つの役割）を遂行する

製 造 課 長：（難しい表情で）現場から、誰を現場リーダーにしたらよい
（阿部）　　　　かがわからないといってきました。工場長に相談してもいま
　　　　　　　　いちはっきりした指示を出してくれません。

生産コンサル　：実は、そこが重要な問題点です。現場リーダーをラインから
（近藤）　　　　離し現場リーダー業務を遂行してもらわなければ生産性は上
　　　　　　　　がりません。
　　　　　　　　現在は現場リーダーが作業者に埋没しています。人柄、作業
　　　　　　　　の力量そして改善情熱を持っている人を選ぶこと。選ばなけ
　　　　　　　　ればならないのです。そして、工場長と製造課長とが相談し
　　　　　　　　て決めるのです。現場リーダーは生産性を上げる主体者です。
　　　　　　　　現場リーダーを決めたら、現場リーダーは何をしなければな
　　　　　　　　らないかを特訓します。
　　　　　　　　もちろん、製造課長は私の側にいてもらいます。
　　　　　　　　この現場リーダーの選定が遅れると、生産性向上が遅れてし
　　　　　　　　まいます。
　　　　　　　　通常、製造課長は現場リーダーを 1 人抜くと 1 人分出来高が
　　　　　　　　減り、無意識に生産性が落ちると考えています。これが根本
　　　　　　　　的間違いなのです。

製造課長さん、A図とB図のどちらが生産性が上がると思いますか。

〔図表23　生産性が上がるのはAとBのいずれか〕

A図　　　　　　　　　　　　　　B図

時間指示なしに全員作業　　　　　現場リーダーを決める
全員作業者　　　　　　　　　　○ 時間指示、日産計画を出し
　　　　　　　　　　　　　　　　　進捗管理

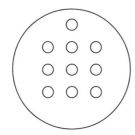 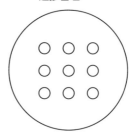

注：前述したように部下の作業者が少ない場合（5人以下）、
　　現場リーダーは1日8時間の内4時間は現場リーダー役
　　をやり、4時間は実作業に入ってよい

製 造 課 長　：やはりB図です。

生産コンサル　：製造課長さん、ご回答がB図で安心しました。

　　　　　　　筆者はよく西部劇で幌馬車が走っている例を示します。

　　　　　　　5〜6頭の頑強な馬に、御者が手綱を引いて突っ走っています。そのとき御者がアパッチに打たれ地面に転げ落ちる。

　　　　　　　すると、幌馬車は20〜30m先で倒れてしまうのです。

　　　　　　　御者がいないと幌馬車は走りません。

　　　　　　　これを工場に当てはめると御者（現場リーダー）がいなくて幌馬車を走らせていると同じで、作業者をコントロールできる人がいないのです。だから、筆者は"ウマくない"といっています。

　　　　　　　これはジョークでなくて事実です。早く現場リーダーを決めることにつきるのです。

　　　　　　　事実、中小メーカーではなぜか、製造課長、工場長でも現場

リーダーを決められない場合が多いです。現場リーダーこそ、生産性を上げ、かつ不良を減らす主体者なのですが、これに気づいていないことが問題なのです。

工　場　長
（中村） ：先生のいわれることは工場長としてよく理解できます。しかし、管理者の中には新しいやり方に抵抗を感じているものがいます。どう説得したらよいですか。

生産コンサル ：新しいやり方には抵抗するのは当然です。しかし、黒字化するには今のやり方を続けていては、できません。これを理解していく過程で少しずつこの抵抗は解消されていきます。

ポストイット計画をつくり、進め方のルールを決める

生産 計画係長 ：具体的ポストイット計画の進め方を教えてください。

生産コンサル ：まず受注製品の工程設計（製造プロセス）を決めます。

全受注分のポストイット計画をつくります。

改善メンバーが協力してつくるのです。前述したように１日 30 枚つくればよいです。

この１枚１枚に段取り時間と加工時間を入れるのがポイントです。実はこんなシンプルなことがなかなか進みません。

その一因は工数の決め方がわからないからです。では、その２つの時間（段取り時間と加工時間）の決め方をどうするか。

【工数の決め方】

①**実績から決める**

　※これは時間指示がなくつくっている実績なので、この実績の８割の時間で決めるのがよい

②**作業をよく知っている現場リーダーがエイヤーで決める**

　※これで工数を決めるのが１番よい

③ **ストップウォッチで測り工数を決める**

　※これは時間がかかり現実的ではない

実際は、②で工数を決めるのがよいです。

なぜかというと、この工数は日産計画で実際に行うのでこの値をベースにポストイット工数を修正しながら適切な工数に持っていきます。

とにかくポストイット工数と日産計画の工数を比較して適正工数を決めていきます。これが正しいアプローチです。

ポストイット週生産計画と日産計画を実施するとなぜ不良が減るのか

組 立 係 長 ：このポストイット計画どおりにつくると、なぜ生産性が上が
（島村）　　　　るのかもう1度説明してください。

生産コンサル ：組立係長さん、今組立者10名いますが、本日定時まで何を
　　　　　　　どこまでつくるか決まっていません。実はこれが問題です。
　　　　　　　組立者1人ひとりが本日何をどこまでつくるか決まっていな
　　　　　　　かったら、本日組立作業者がよい仕事をやったかどうかわか
　　　　　　　らないではないですか。
　　　　　　　このポストイット計画と整合（一致）した日産計画を作業者
　　　　　　　に出すのです。この価値を知って欲しいのです。ポストイッ
　　　　　　　ト計画と整合した日産計画こそ「おばけ」がでない計画になっ
　　　　　　　ているのです。

日産計画は作業者にやる気をもってもらう仕組みです

製 造 課 長 ：（得意な表情で）この日産計画は、本日これだけやれという
　　　　　　　作業者への「ノルマ」を与える指示になっていませんか。

生産コンサル ：さすが製造課長さん、するどい質問です。作業者は会社に来
　　　　　　　て、よい仕事をして、自己のレベルアップをはかる気持ちを
　　　　　　　持っています。この時間指示を出すと、例え15時までやる
　　　　　　　仕事が遅れても定時まで取り戻そうとしてくれます。遅れが
　　　　　　　ちな作業に対し、この治具を使ったらもっと早くできるとい
　　　　　　　う改善案も出してくれるようになります。そして、この日産
　　　　　　　計画どおり作業をした作業者にはボーナス支給が増えます。

だから、この日産計画は各作業者のよさを引き出し、やる気を引き出す仕組みなのです。ノルマ指示ではありません。

【日産計画の 4 つのメリット】

①時間軸の入った作業指示（日産計画）が出るからやる気が出る

②与えられた時間で作業すると出来高は 3 割上がる

③ 品質を向上させる

　例えば、与えられた時間に対して（例：1 個つくるのに 5 分±20 秒でつくるとする）8 分かかったら手直し、3 分でやったら手抜きがあり、いずれも品質問題が潜んでいます。

　要は 5 分±20 秒でやることが品質をよくすることになります。

　これに気づかなければなりません。

④本日よい仕事をやった達成感が味わえる

各作業者工程の作業時間の短縮はこの時間軸の仕組みができてから進める

生産コンサル ：筆者は現場改善の専門家ですが、赤字工場はまず時間軸の仕組みで黒字化してから現場改善を行います。

製 造 課 長 ：以前、指導受けていたときのコンサルタントは作業工程で、1 番時間がかかるところから次々に時間短縮を進めていきましたが、生産性が向上しないで指導が終わりました。

近藤コンサルタントは、工程の時間短縮は第 2 ステップだといっていますが、工場改革はどちらから先にやるのがいいですか。

生産コンサル ：よい質問です。すでに説明したようにモノづくりの最大のムダは作業者に時間指示を出していないことです。この方式は生産性目標を決めてから時間軸の仕組みをつくります。

森全体（工場全体）をみて、どこから改善を進めるかです。1 番長い作業工程から進めるのは一理ありますが、重要なことはネック工程（1 番能力がない工程）からメスを入れるこ

とです。よく聞いてください。ネック工程でない工程はすでに充分能力があり、この工程の時間短縮しても生産性に響かないのです。当たり前のことです。特にＩＥを勉強した生産コンサルタントは工程の時間短縮から入りがちです。

製 造 課 長 ：今、先生のいわれることはよくわかります。単に作業時間の長い工程から時間短縮しても生産性は上がりません。要は、ネック工程から作業時間を短縮していくのです。ポストイット計画はどこがネック工程かを明確にしてくれます。

生産コンサル ：さすが製造課長さん、本質を捉えています。

7. ポストイット計画とは
日産計画を活かす現場リーダーの役割

日産計画の作成 の手順

製 造 課 長 ：改善メンバーは、前日午後５時にポストイット計画板の前に
（阿部）　　　集まり自分の部下の作業者への日産計画を立てます。
　　　　　　そして、翌朝全作業者へ日産計画を渡し、作業者がその日産計画でできるかの確認を取ります。作業者がムリだと判断した場合は時間を修正します。 この進め方でよいですか。

生産コンサル ：そのとおりですが、作業者の能力レベルが違い、差があるた
（近藤）　　　め「レイティング」してやることです。ベテラン作業者に対しては、ポストイット工数より短い時間で指示し、充分力量のない人にはポストイット工数より工数を増やしましょう。これがレイティング配慮です。

現場リーダーによる日産 計画の進捗管理

製 造 課 長 ：現場リーダーには、作業に出した日産計画が予定どおり進んでいるか進捗管理をさせます。ここでの注意ポイントはありますか 。

生産コンサル ：日産計画に対して、 例えば１時間 20 個の計画に対して５個

不足した場合は、遅れ原因を追究し今後遅れを出さない改善（指　導）が必要です。遅れの原因は不良、機械故障や力量不足がほとんどです。当面は計画数に対して実際できた数の差をきちんと記録することが第1ルールです。

現場リーダー間の努力競争

製 造 課 長　：現場リーダー同士の努力競争とはどういうことですか。

生産コンサル　：これは現場リーダーがよい仕事をやったかの評価に関わることです。現場リーダーは、日産計画の進捗管理をよくやったか、計画通りにするためにできることをしたか、ここで重要なことは現場リーダーは日産計画をやりきるには残業もいとわないことです。

本日の日産計画をやりきらないと、翌日のポストイット計画の修正、翌々日のポストイット計画の修正でポストイット計画どおりにいかなくなるので本日の日産計画は残業してでもやりきらなければなりません。

しかし、残業時間は現場リーダーの減点評価になるのです。だから、現場リーダー間では競争が成り立つのです。

現場リーダーが頑張ったか定量的に評価できます。

わかりやすくいえば、1番頑張った現場リーダーが係長への筆頭候補者になるのです。この評価が現場リーダーにやる気を持ってもらう動機づけになるのです。作業者の日産計画達成でやる気と評価が決まります。作業者と現場リーダーのやる気を出させる仕組みづくりが生産性向上、特に、赤字メーカーが黒字になる秘訣なのです。

8．新予防処置の仕組み構築

標準書の3つの弱点からの予防処置

品質保証係長　：当社では予防処置がなく、どうしたら予防処置が増えるか、

（今野）　　　　　そもそも予防処置する狙いから教えてください。

生産コンサル ：「もし、この不良が出たら大損害になる」「もし、このクレー
（近藤）　　　　ムが出たら顧客の信頼を失う」など、少なくとも管理者には
　　　　　　　　この発想が必要です。しかし、いきなりこの問いに応えられ
　　　　　　　　なくても身近にこれらを発生させない下記に触れる予防処置
　　　　　　　　が一杯あります。

品質保証係長 ：それでは早速具体的なやり方を説明してください。

生産コンサル ：大きな予防処置をやる前にやることはたくさんあります。
　　　　　　　　それでは、標準書の意味から説明しましょう。まず、品質保
　　　　　　　　証係長さん、「標準書」とは何のためにつくるのですか。

品質保証係長 ：それは、標準書どおりにつくったら不良は出ないということ
　　　　　　　　でしょうか。

生産コンサル ：標準書の狙いはそのとおりです。標準書の真の狙いは、①不
　　　　　　　　良を出さない、②出来高を３割上げることです。
　　　　　　　　実は「標準」には３つの弱点があります。

【「標準」３つの弱点】

①標準書のないところでつくっている

　※実は意外にこれが多く不良の増加原因になっている

②標準書はあるが、不備があり、これを守って不良を出している

③標準書は正しいが守れていなくて不良に至る

品質保証係長 ：それでは、この弱点をどう予防処置に持っていくのですか。

生産コンサル ：よい質問です。品質保証の業務には作業を「監査する」役割
　　　　　　　　を持っています。この監査することを活かすのです。
　　　　　　　　まず、スタッフに作業者の作業を観察させます。具体的に、
　　　　　　　　標準のないところをみつけ標準書をつくってやり、製造課長
　　　　　　　　に渡して実施してもらうのです。実は、これを１件行えば立
　　　　　　　　派な予防処置を１件やったことになります。この気づきが必

要です。これで不良を防げるから予防処置です。

次に、標準不備をみつけ、この不備をなくす標準をつくり製造課長に渡して活用してもらえたら、これも予防処置になります。不備な一例として寸法公差が明確でないのをきちんと決めてやることです。意外にこの不備は多いのです。これは品質保証上でも重要です。これも予防処置になります。

最後に標準書は正しいが守れていない作業を監査を通してみつけ指導してやります。これも不良を未然に防いでいるので予防処置といっていいです。標準を守れず結果として不良になった場合は、予防処置でなく「是正処置」といいます。

品質保証係長：よくわかりました。この考えを活かしていくと予防処置が増え、不良は激減していくと思います。

３つの予防処置／①製造条件を守る

品質保証係長：標準に関する以外の予防処置があるのですね。

生産コンサル：製造条件が守られている視点からの予防処置です。今、電圧の製造指示を 0.5V になっているとします。

〔図表 24　電圧計〕

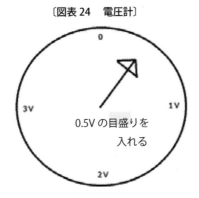

電圧計に 0.5 V の表示がなくて、作業者は 0 V と 1 V の中間に勘で合わせています。これでは正確な製造指示を守れません。この場合は 0 V〜1 V の目盛りに 0.5 V を入れ、ここに合わせます。

実は、この目盛りの 0.5 V を明確にすることは立派な予防処置になります。

工場では製造条件を数値で指示していても目盛りがなく作業者がエイヤーで設定しているケースがかなりあります。品質保証スタッフはこのケースをリストアップし、作業者が正しい設定ができるようにしてやります。これらの 1 つひとつは立派な予防処置です。

3 つの予防処置／②製造終了後の点検

生産コンサル ：通常、金型や刃物類は良品ができるとそのまま保管場所に置きます。その保管前にキズがないか、摩耗がないかの判断できるチェックリストをつくり、キズがある場合はキズを取り、摩耗していたら研磨してから保管します。これも立派な予防処置です。

品質保証係長 ：よくわかりました。

3 つの予防処置／③機械故障の周期を活かす

生産コンサル ：機械故障記録を 1 年とると、機械故障の周期性がわかります。例えば A 機械のある部品が 6 か月で壊れて機械停止するとします。

この場合、5 か月目にこの部品を交換すれば機械は故障停止しません。このアプローチを「予防保全」といいます。

一方、壊れてから直すのを「事後保全」といいます。

現在、ほとんどの中小メーカーは問題を起こしてから処置しています。これらはすべて事後保全です。

これからの管理者はここで触れ、学んだことを活かして、"事前保全＝予防処置" に力を入れて欲しいです。管理者はこの発想力を持つのです。

品質保証係長 ：予防処置にはいろいろな方法があるのがわかりました。品質保証中心にできる予防処置から進めていきます。

9. 1日改善会の価値
①大改善することで、②改善力ある人づくりをする

1日で大きな改善する大改善会

生産コンサル：この改善会とは、発生した大きな問題の解決のため複数人が
（近藤）　　　　集まり 4 時間以上かけて解決してしまうのです。そして、1
　　　　　　　　日改善会は 1 日かけて行う大きな改善会のことです。
　　　　　　　　改善会では、段取り短縮でなくすべての問題解決ができます。

製造課長　　：実は当工場では、先生のアドバイスで段取り回数が増えてい
（阿部）　　　　ます。プレスの段取り時間が 1 回あたり 50 分要しておりこ
　　　　　　　　れを半減したいです。

生産コンサル：それでは筆者が改善リーダーになり、50 分を半減させます。
　　　　　　　　製造課長、プレス係長、現場リーダーはじめ数人集めてくだ
　　　　　　　　さい。

製造課長　　：わかりました。 それでは 4 月 5 日この半減の 1 日改善会を
　　　　　　　　やりますので方法を教えてください。

改善力ある人づくり

生産コンサル：すでに段取り時間短縮の基本は指導済みです。まずメンバー
　　　　　　　　で現状 50 分を観察します。 そして、メンバーはこうしたら
　　　　　　　　段取時間が短縮するというアイデアを出すのです。さらにア
　　　　　　　　イデアを実現する改善をして、段取り時間がどのくらい短縮
　　　　　　　　したか、これを繰り返し 10 分になるまでやり抜くのです。
　　　　　　　　この改善会は最小 4 時間といいました。 この 10 分にするま
　　　　　　　　で、例え徹夜になっても、目標（10 分）を達成させるのが、
　　　　　　　　トヨタの自主研（ 1 日 改善会）の改善魂です。
　　　　　　　　さて、実際にやった結果を図表 25 に示します。
　　　　　　　　メンバーがよいアイデアを出してくれています。段取りが半
　　　　　　　　減になった秘訣が、改善会です。

　　　　　今回の1日改善会は段取り時間の短縮でしたが、この1日改善会はどのテーマ（問題解決）にも活用できるので、少なくとも2週間に1回行ってほしいです。やることが、たくさんあるのですから。

製 造 課 長　：この1日改善会の価値を知り驚きました。

生産コンサル　：問題解決に会議室に集まり1時間くらいの検討では、真の問題解決はできません。「改善ごっこ」になってしまうからです。

製 造 課 長　：この1日改善会をやるとメンバーの改善力がついてくるのでしょうか。

生産コンサル　：よい質問です。この1日改善会を20回やるとメンバーの改善力に変化が出ます。40回やったら改善力ある人ができます。要は改善体験なしに改善力ある人づくりはできません。

〔図表25　1日改善会〕

第7回　1日改善会	テーマ	プレス金型交換時間の短縮

1. テーマ選定の理由	2.	
(1) プレスの稼働率を向上させる。 (2) 段替えに時間がかかるため、1回の生産ロットが大きくなり仕掛品が多く、これを改善する。	日時	4月5日　PM2〜PM7
	構成メンバー	近藤、阿部、飯田、山木、中村 丸山、石井、鈴木、島村、今井、

3. 目標と達成度		4. 現状（詳細別紙）と問題点（悪さ）
目標　現状50分の半減 　　　最終は10分以下	達成度　50分 　　　　↓ 　　　15分55秒	(1) ネジによる調整作業が多い。 (2) ものを取りに行くための動線が長く、回数も多い。

5. 主な改善点、常識打破、発見点（詳細別紙）	6. 実施事項（いつから実施するか。注意ポイントは）
(1) 応援の仕組みをつくり2人作業化（さわぐしくみ） (2) 治工具類のレイアウト見直しによる動線の短縮 (3) センサーチェックなどの内段取を外段取に変更 (4) 2人作業による並行作業 (5) ネジによる調整作業の無調整化	金型高さの調査と敷板（ゲタ）の製作（4月10日）

7. 残された改善事項、問題点 （いつまでに誰が責任をもってやるか）	8. 反省点、メンバーの感想、特記点
材料通し3分などの改善（4月中に具体化） 10分以内に完了できるように改善を進める（〃）	パスラインの調整などは、考え方をまったく変えたらゼロにすることができた。

10. 営業係の役割

セールスポイントの明確化

営 業 係 長　：コロナによる受注減において営業係長は何をすればよいか教
（青木）　　　えてください。

生産コンサル　：現在、コロナによる受注減の中で受注活動は難しいです。
（近藤）　　　本来、営業のやることは技術係長、製造課長と相談しながら
　　　　　　　　同業他社と比較して貴社の優れた点のセールスポイントを明
　　　　　　　　確にすることです。
　　　　　　　　そのために、まずＳＷＯＴ分析が必要です。

〔図表 26　ＳＷＯＴ分析〕

	強み	弱み
内部環境		
	機会	脅威
外部環境		

ＳＷＯＴ分析では同業他社と比較して、貴社の強み（Ｓ）は何か、この強みを活かして受注拡大（Ｏ：機会）するためのセールスポイント３点を明確にすることです。現時点ではこのセールスポイントを武器として受注活動しても受注拡大は難しいですが、この活動の継続は必要です。

当面の役割

営 業 係 長 ：それではこの受注拡大の難しい状況の中で当面やることを教えてください。

生産コンサル ：よい質問です。現在コロナの影響で売上は、7,000万円／月から5,000万円／月に落ちています。

　正に今、営業係長と３人の営業マンのやるべきことは、これ以上、受注を下げないことが絶対条件です。現状の売上を維持することに全力投球することです。

　なぜでしょうか。生産コンサルタントの役割は、この受注をベースに、すでに述べたように時間軸の仕組みを構築し、生産性を 4,000円／人・時以上に上げて黒字化することだからです。

　営業マンの現在の重要役割は前に触れた受注拡大することより現状の受注を維持することなのです。セールスポイント活動が受注維持になるのです。

営 業 係 長 ：よくわかりました。現状の受注を全力投球し維持します。

生産コンサル ：この受注の現状維持をベースに、今、生産性を上げていくのです。

営 業 係 長 ：わかりました。頑張ります。

11. 技術係の役割

本来の役割

技 術 係 長 ：（説明しにくそうな表情で）今は新製品といっても、まった

（山木）　　　　　くの新製品ではなく標準品の追加要求品の工程設計に追われ
　　　　　　　　ている状況です。しかし、3 つの製法特許を持っているので、
　　　　　　　　この技術を活かしていきたい。

生産コンサル ：中小メーカーの技術部門は、ほとんど新規品の工程設計に追
（近藤）　　　　われているのが現状です。本来、技術部門は新規品の工程設
　　　　　　　　計に追加して、以下を行います。

【本来の役割】

　①機械故障の修理（原因追究含め）

　　　：さらにすでに予防処置で触れた活動をする

　②生産技術業務活動

　　　：生産性向上させるための技術改善や設備改善をする業務

　　　　　　　　しかし、小規模メーカーではこれらはできず、製造の管理者
　　　　　　　　がやっている状況です。
　　　　　　　　今後は、組織見直しを含め少しずつ本来業務を行えるように
　　　　　　　　持っていくことです。セールスポイントを考えてもらうこと
　　　　　　　　も重要です。

当面の役割

技 術 係 長 ：先のとおり、新規品の工程設計に追われている状況なのです
　　　　　　　　が、顧客によっては新規品組立図の承認も必要です。
　　　　　　　　どうしたらよいでしょうか。

生産コンサル ：技術係長には 2 人の部下がいます。まず、2 人に対して工程
　　　　　　　　設計作成・承認の時間軸を入れた " 計画書 " が必要です。
　　　　　　　　新規品といってもまったくの新製品でないので時間を入れた
　　　　　　　　計画はつくれます。新規品の組立図が遅れると納期遅れにな
　　　　　　　　ります。多分、工程設計者は製造のことがよくわかっている
　　　　　　　　人が行っているはずです。工程設計者の資格条件を明確にす
　　　　　　　　ることも重要です。工程設計で製造コストは決まります。

　　　　　　　　当面、技術係長のやることは、①工程設計の時間軸計画をつくり進捗管理を行う、②工程設計の資格条件を明確にすることです。

　　　　　　　　技術係長は工程設計が計画通り進んでいるか進捗管理することです。工程設計が遅れると納期遅れになるので係長自身手伝う気持ちが必要です。

技 術 係 長 ：２人の設計者は製造体験が豊富です。しかし、製造段階に入り製造より組立図についての苦情が多く出ているのが実情です。

生産コンサル：まず１年間の製造から苦情を整理して苦情問題を数項目にまとめます。 重要項目から解決してください。

技 術 係 長 ：一応それらしきことはやっていますが、未だ製造から組立図に関する苦情が多くて減りません。今、先生がいわれた解決策を行います。

生産コンサル：これからしばらくは、生産性向上を狙いとします。製造から設計に関する苦情は生産性を落としています。今お話した方法で苦情が出ない抜本策を行ってください。

技 術 係 長 ：真剣に抜本策を行います。

12. この方式による驚くべき成果「黒字化実現」

どの業種の中小メーカーでも適用できる生産性向上の " プロセス "

工 場 長 ：生産コンサルタントを月１回、９か月間の指導のお陰で生産
（中村）　　　性目標を達成しました。

$$月別生産性＝\frac{売上 (5,000 万円) －部材費 (2,700 万円)}{作業者３２名 × ７時間 × ２１日}$$

$$＝４,８８０円 ／人・時 達成$$

従来の月 500 万円の赤字が、 月 250 万円の黒字になりました。

生産コンサル：工場長、これは改善メンバーが情熱持って取り組んだ成果で
（近藤）　　　す。この黒字化活動を通してメンバーの改善力がついたこと
　　　　　　　が大きな成果です。

工　場　長：（満足した表情で）私の考える黒字の原因について、売上の
　　　　　　　（5,000 万円）は変わりませんが、9 点あげてみます。
　　　　　　　①部材費が発注点・発注量の仕組みの構築・運用で欠品しな
　　　　　　　いで月 300 万円削減できました。
　　　　　　　②ポストイット計画で作業者 38 名の中で余剰だったパート
　　　　　　　さん 6 名退社（32 名が適正人員）していただきました。
　　　　　　　③ポストイット計画と日産計画の実施で上記 6 名の省人化と
　　　　　　　月 1,000 時間の残業がなくなりました。
　　　　　　　④プレスや射出成形の段取り時間は半減はできなかったもの
　　　　　　　の、ほぼ 1 ／ 3 時間短縮したことも黒字化に影響しました。
　　　　　　　⑤現場リーダーの働きで社内不良は半減し、従来の不良損失
　　　　　　　額月 50 万円は半減しました。
　　　　　　　⑥クレームも月 2 ～ 3 件がほぼなくなりました。これも生産
　　　　　　　性に貢献しました。
　　　　　　　⑦日産計画によって作業者のやる気が出て、作業者から改善
　　　　　　　数が増えてきました。
　　　　　　　⑧現場リーダー間の競争原理が働き、現場リーダーのやる気
　　　　　　　が出てきたこともこの活動の成果です。
　　　　　　　⑨改めて、このようなシンプルでわかりやすい生産性向上策
　　　　　　　があるのを発見しました。

生産コンサル：本編では活動の重点を示し、細かい点は省略しました。
　　　　　　　中小メーカーがこの方式でコロナの影響で受注減 3 割減って
　　　　　　　も、お金をかけずにシンプルな " 時間軸中心 " の仕組みをつ
　　　　　　　くり運用すれば、どの中小メーカーや業種でも適用できるよ
　　　　　　　うに工夫しました 。
　　　　　　　是非、中小メーカーの経営者や管理者にこの方式を活かして
　　　　　　　欲しいです。

板金・鉄工業の成功事例（建設部品の設計・メーカー）

　ある工場で行った改善ポイントは、以下の3点である（板金・鉄工業に共通する特徴については、76頁を参照）。

　　　①注情報の一元化　②生産管理版の設置　③時間を入れた作業指示の仕組み

　受注した情報はすべて作業指示に展開され、各作業者に図面とともに配布されていたのだが、納期情報の管理がされておらず、顧客から納期を過ぎてから催促が来るという状況だった。このため、納期遅れを解消するため特急対応すると、他の受注案件の納期遅れが常態化していた。

　そこで、すべての受注情報をまとめ、納期から逆算するといつまでに溶接を完了しなければならないか計算し、これを社内の管理納期として設定することで、納期遅れが解消し顧客から評価されるようになった。

　そして、社内の管理納期を守るため、日々誰かが何をどこまで進めるとよいかという週の生産管理板をつくり、具体的な作業時間（工数）を入れて社内の生産計画精度を高めた。

　これにより、各工程のコミュニケーションがよくなり、仕掛品が激減し残業時間も大幅に減ってきた。

　さらに、各工程の作業者に対して、時間を入れた作業指示を出し、「何時から何時までを何個加工するか」を明確にした。これを実現するために、現場リーダーを中心として作業の標準化、作業時間の設定を行った。

　このような活動を行う前は、各作業者の負荷分散ができておらず、忙しい人は常に残業、そうでない人は定時で帰るという状況だった。

　生産管理板の設置により、各作業者の仕事量が明確となり負荷分散を行うことで、生産性が向上してきた。

　このような取り組みにより、3か月連続で利益率10％を実現した。

第2章
今までのモノづくりの共通の弱点

1. 多品種少量型の中小メーカーでは“かんばん方式”は適用できない

かんばん方式への誤解

　中小メーカーの経営者には、トヨタ生産方式は“かんばん方式”だと捉えている人が多く、“かんばん方式”を適用しないと利益が出ないと考えている人がいます。結論からいうと、“かんばん方式”を使えるのは、少種多量生産型に限定されます。

　かんばん方式は、後工程が引き取りかんばん（例：Ａ×５０個）を持って、前工程に取りに行きます。前工程には、Ａ×５０個の上に生産かんばん（Ａ×５０個）がつけられています。後工程の人は、生産かんばんをはずし、引き取りかんばんをつけ、後工程に持っていき加工します。前工程は外された生産かんばん分（Ａ×５０個）のみつくります。

　多品種少量生産型の中小メーカーにおいては、後工程がいつ取りに来るかわかりません。だから、前工程は仕掛品だらけになり、トヨタ生産方式の根幹思想であるJIT（ジャスト・イン・タイム）を否定してしまいます。

　よって、多品種少量型のメーカーにおいては、“かんばん方式”は使えません。

　“かんばん方式”を使えるのは、少種多量生産型に限定されるのです。

　まず、多品種少量型のメーカーでは、“かんばん方式”は使えないと理解してください。

　モノづくりを正しく理解しなければ、生産性を上げる改善はできません。

2. 部分最適は工場を潰す

各工程で独自に行った改善が全体として改悪となっていないか

　日々の改善を行っている現状で、貴工場ではどのような改善をしているのでしょうか。

　そして、その改善は工場全体がよくなる改善でしょうか。

　実は、工程ごとのなかだけで改善が行われているか、作業者各自で改善しているケースが非常に多いのが現状です。

　つまり、工程ごとや各自の部分的な改善が、全体として悪い結果を生んでいることが多いのです。

　多くの工場では、複数の工程を通過して完成品になります。

```
【業種・分野ごとの工程の流れ】
    成　　形　工　場：成形→組付→検査
    板　　金　工　場：切断→曲げ→溶接
    プ レ ス　工　場：プレス→溶接
    印　　刷　工　場：印刷→製本
    機 械 加 工　工　場：MC・NC→検査
    食　　品　工　場：製造→計量・包装
    クリーニング　工　場：洗い→乾燥・アイロンプレス
```

　どの分野の工場においても、各工程では、どのようにすれば生産効率が上がるか、またどのようにすれば不良品が減るかなどの改善を行っています。

　うちの工場は改善なんてしていないという方もおられるかもしれませんが、工場をよくしたいと考える人はいるので、何かしらの改善をしていると思います。

　しかし、各工程で独自に行った改善が、全体として改悪（前よりも悪くなる）になっているケースも多いのです。

　改善を行っているのだからそれでいいじゃないかと思うかもしれません。

　そのような考えが、不要な在庫を増やしたり、仕掛品が増えたり、納期遅れが起こったり工場全体の生産性を下げる原因に繋がっているのです。

　よかれと思ってやっていることが、実は悪い結果を生んでいるということです。

独自に行った改善、よかれと思ってやっていることが、実は悪い結果を生む

具体的にどういうことなのでしょうか。

前工程が多くのモノをつくり過ぎて後工程が処理できず、不要な在庫が発生するのです。

プラスチック成形工場で顕著にみられる事例です。最初の成形工程においてどんどん生産し、製品を倉庫に格納していきます。それに後工程が追いつかないため、結局仕掛（中間在庫）が膨らみ全体として生産性を下げる結果となってしまうのです。

その製品を格納した倉庫をみてみると、「昔つくったものだが、詳細がよくわからない」仕掛ばかりが格納されています。

これにより前工程の残業が膨らみ、人件費を引き上げて決算を圧迫します。

この現象は、プレス工場や食品加工工場など、他の業種でも多くみられます。

毎日大量の破棄の廃棄ロス

製造の第1工程は、納期遅れを起こさないよう、なるべく早くつくっておこうと考えます。

また何度も準備作業をするのは効率が悪いので、1度準備したらたくさん生産したほうがよいという考えもあります。

結果として、第1工程では1度にたくさんの製品ができあがってしまうのです。

確かに、第1工程だけを考えれば、効率化されているようにみえます。

しかし、工場全体を考えると、必ずしも効率化とはいえないのです。

特に、食品加工工場では、製品廃棄ロスという損失も発生します。指導先のとある食品加工工場であった事例です。

工場を調べてみると、第1加工（工程）で大量に生産し、冷蔵庫に格納するのですが、第2加工（工程）で使われなかった残りの食材を毎日廃棄しているということが判明しました。

なぜ毎日大量の廃棄ロスが生まれたのでしょうか。

第1加工の作業者は、廃棄ロスについてどう対処していたのでしょうか。

> **【第1加工（工程）作業者の仕事習慣】**
> ・1度機械セットをしたら大量につくるのが効率的だと思って作業していた
> ・毎日、だいたいこのくらいは使うだろうという感覚で作業していた
> ・余っても、翌日使うだろう程度に考えており、余っても自分の責任とは考えない

　上記は第1加工作業員の仕事習慣です。そして、第1加工の作業者は、その習慣が悪いとは思っていません。

　ここで問題だと気づいていないことが最大の問題なのです。

　食品加工工場の場合、もっと恐ろしいのは廃棄されずに間違って古い食材が後工程で使用され、それが顧客へ出荷されることです。

　こういったリスクも抱えながら日々生産しているというのが実状です。

なぜこういったことが起こっているのか

　では、どうすればよいのでしょうか。

　結論からいうと、各工程間でコミュニケーションがとれていないのです。

　後工程が、必要数量を把握せず、前工程も後工程の生産能力を把握していないために起こります。実はこういった基本的なことができていない現場が極めて多いのです。

> **【各工程間で確認】**
> 後工程が、前工程に何をどのくらい欲しいかを伝える（必要数量）
> 前工程は、後工程に何をどのくらいできるかを伝える（生産能力）
>
> ※お互いの意見がぴったり合わない場合は調整する

「いやいや、朝礼やその都度、話し合っているよ！」

　朝礼で話し合っているという管理者もいますが、こういった感覚的で、場当たり的なやり方は機能していないのがほとんどです。

　結果として、不要な残業、不要な在庫、工程同士で不満や批判が起きてしまうのです。

　そして、工場全体をまとめる人材がいないため、現場任せという名のもと根本的な問題が放置されているのです。

　このため、似たような問題を繰り返し発生させているという工場も少なくありません。

　工場が大きく変わるには、「工程間でコミュニケーションが取れる仕組み」を構築するしかないのです。

　短期間で効果が出た事例では、4か月ほどで赤字決算が黒字化し、売上高に対する利益率が5％から10％を大きく超えました。具体的には、月の売上4,000万に対し、利益が700万円ほどです。

　つまり各工程では、工程なりに効率化（部分最適）を目指していますが、全体として効率化（全体最適）する視点が欠けているのです。

3. 工場管理はすべて金額で考えよ

社長の驚き

　「○○の金額はいくらですか」と、工場の改善活動を行う際、最初に必ず工場管理者に質問します。

　例えば、購買担当者には、「先月材料、資材をいくら購入したか」「外注加工で外注費がいくらかかったか」。

　製造の管理者には、「残業代がいくらかかったか」「倉庫の賃料が、毎月いくらかかっているか」「機械のメンテナンス、修理にいくらかかったか」。

　品質の管理者には、「不良損失金額がいくらか」「何らかの理由で、廃棄しているものはいくらか」ということです。

実は、これが驚くほど答えられません。

あなたの工場の管理者は、前記のような質問に即答できますか。

身近な例として、強い関心を持っているからこそ、ダイエットに真剣に取り組んでいる人は、自分の体重や脂肪率、摂取カロリーなどの数字を答えることができます。

工場管理者が、工場管理に関する金額を答えられないのは、それらの金額に関心を持っていないからです。

誤解を恐れずにいうと、このような状態で「工場管理をしっかりやる」「利益を出す」というのはムリな話なのです。

ある機械加工の工場では、加工の際に使用するチップ（3センチ四方の金属片）について現場確認しました。

すると、驚くことにまだ使用できるチップを大量に廃棄ボックスに入れているのです。

ちなみに、このチップは、1枚500円～2,000円します。

チップは、加工時に使用する消耗品なので、毎月購入しており、年間の購入額も非常に大きいです。

そこで、ただちにチップの使用方法、廃棄ルールなどの運用ルールを決めました。これにより年間200万円以上のコストダウンができるという試算が出ました。

1番驚いたのは、何を隠そう社長です。

社長は、営業活動に力を入れており、あまり工場の現場については理解していませんでした。

工場のことは工場長に任せているということでしたが、現実は現場で起こっている事実を、私と一緒に確認するたびに驚きの連続でした。

実は、現場で起きている事実を社長が正しく理解していないケースは意外と多いのです。

例えば、200万円の経済効果は、単なる200万円ではありません。

利益率が4％なら5,000万円の仕事、利益率が2％なら1億円の仕事が「タダ働き」になるということです。

こういった金額を、しっかり頭にいれると働き方も変わってきます。

この機械加工工場は、筆者とともに半年かけて、150万円以上のコストダウンに成功しました。その6か月後には、コストダウンの仕組みが機能して、300万円以上のコストダウンが見込めました。やっと、ここまできました。

　また材料の廃棄（ロス）金額を誰も把握していなかった別の工場においては、現場の作業者は皆、「余った材料はスクラップで引き取ってくれるもの」という程度の認識でした。

　そこで一緒に月の廃棄金額を計算してみると実はびっくりするような金額だったということをはじめて皆で認識しました。

　人間は金額を知ると、意識が変わってきます。当然、行動も変わってきます。

　工場から出ていくお金を把握することは、今日からお金をかけずにできるのです。

4. 社内不良は現場リーダーの責任で 作業者の責任にしてはいけない

　かつて山本元帥は、部下にはやってみせ、やらせて、これを部下ができるまで繰り返しました。

　実は、これが作業者育成の基本なのです。

　"作業者の力量を上げる人がいない"というのが中小メーカーの実体であり、気づいていません。これこそ、現場リーダーの重要な任務です。作業者に正しい作業を繰り返し教え、作業してもらったらすべて良品ができます。

　これをやらずに社内不良はすべて作業者の責任とするのは問題です。製造部門の管理者はこの事実を直視すべきです。

　作業者には品質管理の手法を教える前に正しい作業（製造条件と標準書）を真剣に教えることです。

　これは現場リーダーの行う第1の重要な役割です。

　現実は、この現場リーダーが作業者になっていることが問題なのです。問題がわかれば改善は簡単です。これはトヨタ方式をつくられた大野さんの言葉です。

5, 工場の 8 割は利益が減るやり方をしている

そもそも、利益とは何か

辞書を引くと、利益とは「事業などをして得る儲け」とあります。

これに対して、FL 法における利益の定義は「工場に残る現金」です。

この定義は、会計用語の売上総利益、営業利益、経常利益などとは違います。

大切なのは「現金」です。

工場学を実践する際は、工場長をはじめとする工場の管理者たちには、ここをしっかりと理解してもらう必要があります。

つまり、利益＝工場に残る現金を増やすような仕事のやり方をしなければならないということです。

それができれば、収入（給与・ボーナス）を増やすことができます。

なぜなら、収入は現金で支払われるからです。

例えば、子供にお小遣いを渡すとき、大切なのは家計簿の計算上の収支ではなく、お財布に現金が入っているかどうかです。

しかし、多くの管理者は「1 度にまとめてつくると、原価が安くなり利益が出る」と考えています。

では、1 度にまとめてつくるとどういうことになるのか、まずは工場から材料費・加工費・外注費などの現金が出ていきます。

そして出荷されるまでは、工場に現金が入ることはありません。

工場に残る現金が減り、利益が減るのです。経営者にとっては当たり前のことです。

ところが、多くの管理者は、ときには経営者も、「納期が決まっていないけど、いずれ出荷されることは間違いない」「だから、今、生産しておいてもいいだろう、人も材料もあるからつくってしまえ」「そうそう、1 回の段取りでまとめてつくったほうが効率がよさそうだ」などと考えがちです。

経営者以外は、自分のお金で材料を買うわけではありません。

ましてや、売れなかったときの責任を取ることもないわけですから、どんどんつくることに抵抗がないのです。

1回の段取りでまとめてたくさんつくることは効率的なのか

「製品をまとめてつくると原価が下がり、利益が出る。材料をまとめて買うと単価が下がり、利益が出る」

これらは、一見、効率的で利益を増やす行為にみえるかもしれません。

しかし、実際は効率的ではなく、利益を減らす行為に他ならないのです。

さまざまな工場を訪問すると、管理者は「製品をまとめてつくれば、効率もよいし利益が出る。材料をまとめて買うと、安くなるから利益が出る」と8割くらいの管理者が考えています。しかし、それは間違いです。

経営者・管理者が自ら率先して、解決に向けて動かなければなりません。

6. 利益を生む生産計画

今日は何をどこまでやればいいか

多くの工場では今週やるべき仕事は決まっているのに、今日何をどこまでやればいいのかが不明確です。

作業者の中では、「今日はここまで」という区切りがなんとなくあるのですが、そこが他の人からみえません。例えばある機械加工工場では、各機械の担当者が、今週やるべき計画をみてその週にすべて完了できるよう日々調整して仕事を進めており、その週計画はある程度完了していました。

結果をみると、作業者は2時間から3時間の残業となっていました。

そこで、担当者に残業の理由を聞くと、何か急に仕事が入ると困るので、できるだけ前倒しで進めていますとのことでした。

つまり、「今日、やらなくてもよいことを残業してやっている」ということです。ところが、実際は急な仕事というのはほとんどなく、週の前半は頑張って、週の後半はかなり余裕があるという状態になっているわけです。

また忙しい時期だからというだけで、「今週は3時間の残業をやろう」と決めている担当者がいました。今週やるべき計画をみる前から、「3時間の残業」という前提で仕事をしているのです。

そこで、「ところで、あなたはその3時間の残業でどんな仕事をするのですか」と質問するのですが、誰も答えることができませんでした。

こういったことを機械担当の全員がやっていたため、膨大な残業時間となって人件費が膨らみ、利益を圧迫していました。

【ある機械加工工場の問題点】

・今日やるべき仕事の基準がない　（今日と明日の仕事の区切りが不明確）

・残業時間の根拠がない残業で何をやるかが不明確

・今日何時まで仕事をするかを作業者に任せる（ムダな残業時間が飛躍的に増加）

　さらに、残業時間が多いのか少ないのかを経営者が正しく判断する基準がないために、残業時間を減らす改善が進みません。だから、工場から利益がどんどん消えていくわけです。

　そもそも利益が出ない根本的な原因は、必要でないものを購入し、必要でないものを生産しているからです。逆にいえば、必要なものだけ購入し必要なものだけ生産すれば、利益が出るのです。

　ここで大切なことは、生産計画を立てる際に『工数』という概念を含めることです。工数とは、生産するのに何分かかるかということです。

　例えばA製品10個の工数が90分、B製品5個の工数が120分とすると、A製品とB製品の生産には210分（3時間半）かかるとして計画していくのです。

　「必要なものを必要な工数でつくる」、この原則にしたがって生産計画をつくります。具体的には、「朝9時から11時までは何をするか」を作業指示書に含めていくのです。こうすることで作業者の働き方が劇的に変わり、生産性が飛躍的に上がっていきます。

　ちなみに、ある製品をどれくらいでつくるかは、コンピュータシステムなしに自分達で簡単に工数を見積ることができます。

　このように受注した製品1つひとつに対して、工数を設定し生産計画をつくれば、必要なものだけ生産する計画をつくることができるのです。

　そして、その計画に基づき生産すれば、工場に利益が出るようになります。

　シンプルな原理ですが、一緒に最短で3か月で準備して、後の3か月で実装しましょう。利益が生まれはじめます。

板金・鉄工業の成功事例（建設部品の設計・メーカー）から

　先の板金・鉄工業の生産正工場のポイント (122 頁) では、受注情報の一元化・生産管理版の設置・時間を入れた作業指示の仕組みの３つのポイントからこの工場の改善を行い、結果として、利益率 10％を実現したところまでお話しした。

　しかし、この工場で、利益率 10％という大きな成果を出したのだが、ここまでたどり着くのは容易ではなかった。

　工場改善するというのは、今までにない新しい考えやルールを受け入れて実行していくことであり、最初は現場から反対されるケースが少なくない。

　この工場においても、実は週の生産計画管理板をつくり、工数を入れて生産計画の仕組みをつくるのは簡単ではなかった。今までになかった生産管理の仕組みを取り入れることに対して、溶接部門のリーダーは最初は反対していた。ただでさえ忙しいのに、こんなことまでやる時間がないというのだ。そして、これをつくったところで生産性は上がらないし、残業も減らないというのである。

　そもそも工場全体の生産計画を立てるという概念がないので、新たな生産管理の仕組みを構築するといってもイメージがわかない。そこで、何事もまずやってみようと意識づけして、最初は嫌々だったがはじめてみた。

　すると、今まで気づかなかった問題点が次々と明確になり、溶接リーダーもやっと生産管理の価値に気づいたのである。そこからは飛躍的に改善が進んだのである。

　これから工場改善するとき、最初はうまくいかないのが正常と捉え、改善活動をあきらめないで継続して欲しい。あきらめなければ必ず成功する。

第 3 章
モノづくり改善に役立つ考え方・実践法

1. 倒産防止のエネルゲイヤの捉え方

これはアリストテレスの言葉ですが、キーネシスとは1歩1歩倒産に近づいているの意味です。

エネルゲイヤは倒産してしまったと考えるのですが、未だ完全には倒産していない状態をいいます。この状態がエネルゲイヤです。

だから経営者はエネルゲイヤで考えます。真剣に倒産しない抜本策がとれるのです。キーネシスでは甘く倒産してしまいます。

2. "力への意志" で自己成長する

人間は誰でも「成長したい」という欲動があります。この力は今までの自分ではできないと思ったことをやり遂げさせてくれます。

ニーチェはこれを "力への意志" といいました。この力は常識を打破させてくれる欲動を与えてくれます。

3. 運搬回数を増やす価値

運搬ロットが100個とします。
［A工程］⇒［B工程］⇒［C工程］

A工程は製造ロット100個をつくります。このとき、A工程が10個つくったら、10個をB工程に流します。この10個を運搬ロットといいます。

こうするとC工程は10個ずつ流れ、モノの流れが速くなります。

これを運搬回数を増やすといいます。

4. ポイエーシス（改善）は人を成長させる

ポイエーシスとは製作することや改善をすることです。ポイエーシス（改

善）をしていくことは人を成長させるのですから、改善は人づくりをさせて
くれます。これをプラクティスといいます。

5. "拙速" は早く改善すること

　この "拙速" はトヨタ用語の 1 つですが、誤解をしやすいので正しい解釈
を示しておきます。

　通常、この用語は「まずくてもよいから早くやれ」と捉えやすいですが、
そうではなく、早くやればまずいことが早くわかるから、すぐ次の改善の手
が打てるという意味なのです。

　とにかく "改善を速くやれ" の教えです。今の管理者や現場リーダーは改
善の着手が遅いので、この警告なのです。

6. 探し物は最後に置いたところにある

　これはマーフィーの法則の 1 つですが、整理・整頓の基本を教えてくれま
す。モノを探しているときは、お金を生んでいません。事実、作業者は次に
やる材料を探している時間が多いです。また間接部門のスタッフも書類を探
している時間が意外に多いです。

> **マーフィーの法則：「探し物は最後に置いたところにあり、置場所を決めて**
> **　　　　　　　　　いれば探し物は全てそこにあるから探さなくてすむ」**

　これは整理・整頓の基本を教えてくれています。単なるジョークの法則で
はありません。必要なものは必要な場所に置けばよいのです。

　筆者の指導体験によれば、探し方の上手い人は置場所を決めていないので
す。"探し方の上手い" は自慢されたものではないのです。

7. 納期遅延1日150件を撲滅したアプローチ

　A社は80名の精密加工メーカーです。この遅れをなくすため筆者の指導を求めてきました。

　この大幅納期遅延を解消するにはネック工程の追求からやるのがポイントです。

〔図表27　工程の流れ〕

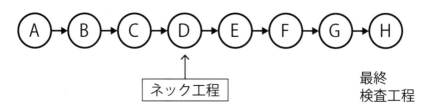

ネック工程

最終
検査工程

　調べるとD工程がネック工程で、14台研削機でした。

　ネック工程なのに1直（9：00〜17：00）に10台、2直（17：00〜22：00）に4台しか稼働していませんでした。

　モノはネック工程をパスしなかったらスムースに流れません。とにかく、この14台を1日24時間稼働できるように作業者の教育訓練をし作業を行うようにする活動で納期遅れが一気に解消しました。

　このメーカーの管理者は1日150件納期遅れを出しているのに、この真の原因を追究できませんでした。

　製造工程が何工程あろうと、1番能力のない工程で最終出来高が決まります。この基本を知り、実践するだけで納期遅れ解消と同時に生産性も20％向上しました。

8. 機械を止める価値に気づけ

　機械を止めると生産性が落ちると考えている中小メーカーの経営者は意外と多いです。

9. JIT(Just In Time) の誤解のムダ

　中小メーカーの経営者には JIT とは出荷の 1 日前にぴったり完成品をつくることと誤解しています。この中小メーカーは作業者がもっと生産性を上げることができるのに機械の稼働を落として出荷の 1 日前に完成品になるつくり方をさせています。

　これが JIT(Just In Time) の考えと誤解しているのだからどうしようもありません。トヨタ方式の JIT の考えを自己流に理解して生産性を落として赤字になっています。経営者が正しいモノづくりの考えを理解していない恐ろしさです。

10. 内製できるものを外注に出すな

　社内の技術でできないものを外注に出すのは当たり前です。

　問題は社内でできるものを外注に出している中小メーカーがかなりあります。外注責任者に聞くと社内の能力が満杯だから外注に出さざるを得ないといいます。しかし、社内の能力を定量的に把握していないでいっているのが問題なのです。

　作業者が定時までに何をどこまでつくるかも決まっていないのに、社内能力が満杯というのは論理矛盾です。外注に出すと社内の粗利は減ってくるのです。

　例えばコロナによる受注減になり、社内能力の余裕があるのに外注に出すのはさらにおかしいです。

　このおかしいことをおかしいと思わない発注管理者は失格です。

11. 高い目標の決め方をせよ

　現在、日本の管理者は高い目標設定していません。管理者の目標は低いです。なぜかそれは目標は達成しないと評価されない悪い風潮があるからです。

筆者のいう高い目標とは、上司や同僚の管理者が高いと認める目標です。

一見、抽象的にみえるが現実性のある高い目標の定義です。

ＴＱＭにおける管理者の高い目標要求や ISO9001 の要求も高い目標を要求しています。

経営をよくする目標設定なしに、生産性は向上しないし、決算もよくなりません。

脳科学者の苫米地博士は高い目標がそれを達成させるアイデア（施策）を出してくれると断言しています。

12. 高い目標を達成させる戦略と戦術をつくれ

〔図表 28　高い目標を達成させる戦略と戦術〕

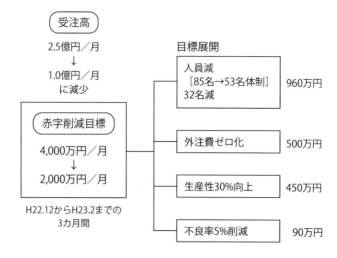

上位目標を達成するには目標展開（戦略）をする必要があります。そして、この展開（戦略）された個々の目標を達成させるのが戦術です。このように上位目標を達成する戦略を立て、展開された個々の目標を達成させるのが戦術です。ＴＱＭにおける管理者の高い目標を達成させるには上記の戦略と戦術が必要です。上記をＴＱＭにおける"方針管理"といい、管理者育成の最大の武器なのです。

13. 営業マンは偶然設計しよう

　営業活動には２つのアプローチがあります。

　１つはセールスポイントをもって顧客に接する方法、もう１つは、ここに触れる偶然設計アプローチです。

　まず、面識のないお客様の発注権を握っている人の趣味を調べます。趣味には、ゴルフ、釣り、麻雀、カラオケなど種々あります。仮にお客様の発注権を握っている人が釣りとします。そうしたら、３か月以内にその人の隣で釣りをする工夫をします。これが偶然設計です。相手は偶然でもこれらは必然設計です。その場では自分の身分はいいません。相手の身分も当然聞きません。

　相手の趣味がゴルフならば、その人の後のチームで関われるようにします。

　これを３か月以内にできる工夫し、必ず途中で会話を交わします。そして、その人の会社へ伺い、そのキーマンと会いお互い偶然を強調し合うのです。

　不思議に商談はうまくいきます。

　最近の例を示しましょう。Ｋ市にある 50 人の建設会社の営業部長に、偶然設計することをアドバイスしました。彼は、Ｋ市のあるお客様、まだ会ったことのないキーマンの趣味がクラシックを聴くことだと知りました。

　Ｋ市でクラシックコンサートが開催されることになり、彼はそのキーマンの後の席を取りました。キーマンは、ご夫妻で来場し、ご夫妻の後ろの席にいた口実をもとに休憩時間に会話を交わすチャンスをつくりました。もちろん、自分の身分を明かさず、相手の身分も聞きません。

　数日後、正式にキーマンの会社を訪問しました。キーマンは驚いて「何かの縁ですね」と彼を部屋へ特別に入れてくれました。そして、キーマンからプロジェクトがあることを聞き、彼は思い切ってそのプロジェクトの見積りりをさせてほしいと依頼しました。

　キーマンは、工事落札の約束はできないが見積りりを出してみなさいといってくれ、その結果、受注したのです。

14. 情報の流れ分析：情報の流れがモノの流れを制す

　直接生産に従事する人にせよ、間接に業務を遂行する人にせよ、この絵巻分析ほど事実を明確に表すものはありません。

　これこそ現状把握の有効手法です。

　この手法を知るだけで、今の問題を明確にしてくれます。筆者はこれまでこの絵巻を指導に活用しています。この手法を説明しましょう。

　例えば、製造会社（この手法は製造会社に限定せず、いかなる業種にも適用できる）で、受注から製造、そして出荷までの現状分析を図表＊のようにやっていくのです。

〔図表 29　絵巻分析〕

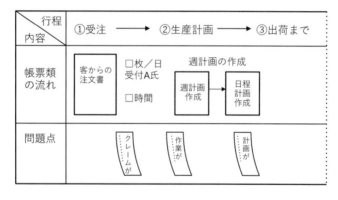

　実際に使用している帳簿類のコピーを時系列にはりつけていくだけでよいのです。そして、1日に何枚、誰がどのくらいの時間をかけて処理しているか、これを工程（プロセス）順に追って、製造指示から出荷まで模造紙を何枚もつかい絵巻のように、そのままはりつけていきます。1日10枚使用していても、はりつけるのはコピー1枚でよいです。この場合、1日10枚分で処理時間を記述します。

　例えば、この分析を近藤さんがやれば頭文字をとりK絵巻分析と呼びます。この帳簿類の添付と処理時間を記入したら、個々の工程（プロセス）で何が問題であるか、その問題点をその下に書いていきます。　要するに絵巻分析

は、付箋紙（色ずりのはりつける紙）などに書いて、すべての帳簿類を時系列にはりつけ、この処理を誰がどのくらいの時間をかけているかを明確にします。現状の仕事のやり方を具体的に記述していくのです。

そして問題点の解決と情報の流れを早くする改善をしていくのです。

15. 平均人間から脱皮の決断

人間は自分の生きている社会、会社や習慣によって考え方や行動が規制されます。人間は１人では生きられません。病気になったときは薬が必要であり、困ったときは友達や家族の助けが必要です。また、困った人がいれば助けなければなりません。

このような中にあって、１人ひとり人間は自己の主体性を確立して生きていかなければなりません。

「たった１人しかいない自分を、たった１度しかない人生をほんとうに生きなかったら人間生まれてきた甲斐がないじゃないか」

これは作家・山本有三氏の言葉です。人間は社会環境に影響を受けている中で、ただ生きているだけでは自己のよさを生かさずに一生を終わってしまいます。自己のよさを活かすには、１人ひとりが他の人が持っていない自分のよさを発見し、このよさを生かしきらなければなりません。

どうしたらこのよさ、その人しか持ちえないもの、これらを個性といってよいかもしれません。この個性（自分しか持っていない力）を発見して伸ばすにはどうすればよいでしょうか。まず、人間は優れた五感を持っていることを認識しなければなりません。筆者はしばしば考えるのですが、この五感のいずれかが自分の自由にならなくても、それ以外の五感の機能で生かされるのではないかと。

人間の身体にはさまざまな機能があります。この機能を持っているこの身体がオグ・マンディーノ氏がいっているような奇跡なのです。今という時代、自己を活かすために知りたいと思うことは、何でも本を通して知ることができます。

現代において１番の問題は、各人が自己を過小評価しすぎていることです。

1人ひとりが奇跡ともいえる五感を有しているのだから、やろうと思ってできないことはないのではないでしょうか。

日常の生活や業務に埋没してしまって、自己を小さな世界に閉じ込めてしまっているのではないでしょうか。現代は人間の趣味ややるべきことが余りにも多いので、ついあれもやる、これもやるで、平均値的人間に埋没してしまい、結局自己のよさを活かすチャンスを失ってしまっているのかもしれません。

何でもよい、他の人より優れた自己の力を伸ばさなければなりません。それには多くのことに自己のエネルギーを分散させてしまわないことです。

16. ユニークアイデアを出す秘訣

マイケル・ポランニー（ハンガリーの科学哲学者、1891 ～ 1976）は我々の頭の中にアイデアがいっぱい潜んでいて、そのアイデアが言葉として出てくるのはほんの一部だといいました。

〔図表30　マイケル・ポランニーの言葉〕

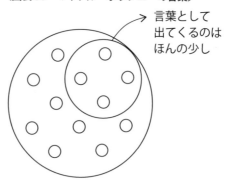

言葉として
出てくるのは
ほんの少し

頭の中にはアイデアが詰まっている

そして、いまだ出ていないアイデアを頭の中から出すには、直感力と情熱といっています。これは重要な教えです。

直感力と情熱でどんどん頭の中に隠れていたよいアイデアを引き出すことができるのです。

要はユニークアイデアを出そうという意気込みなのです。この気持ちを持たない限り、アイデアを出してくれないのです。

17. 自分の才能の限界に挑戦せよ

これはノーベル賞を受賞した江崎玲於奈氏の言葉です。筆者の好きな言葉です。常識打破の精神に合致します。自分ではできない、無理だと思っていた改善を1つでもやることです。これは成長なのです。

改善リーダーは、これが1つできたら常識を打破したといえます。ニーチェの"力への意志"は、このことをいいます。

今までの自分ではやるのが難しいと思うことを、自分にはやれるという強い意志（これが力への意志）を持ってやり遂げるのです。

今まで、できないと思っていたことができた、それが生きがいになります。

これが自分の限界に挑戦したということではないでしょうか。

18.「難しい」というな

日本の管理者の好きな言葉は「これは難しい」です。筆者は生産性指導において、「難しい」の言葉をいわないで「難しい」ことを具体的な事実で話せと指導します。

ここが指導効率を上げるポイントなのです。

19. スループット会計を活かした見積り法

筆者が生産性向上を提案している62名のA板金メーカーであるが、最近、月当たりの受注が8,000万円から5,000万円に落込み、月当たり600万円の赤字となってしまいました。見積り成約率は従来の30％から7％への落ち込み、作業も午後3時には終わり、62名×2時間＝130時間の遊び時間ができてしまったのです。

ここでの主力A製品の直接原価は次のとおりです。

〔図表 31　A製品の直接原価〕

材料費	加工費
10,000 円	10,000 円

材料費 プラスアルファ
10,000 円 ＋ 5,000 円 ＝ 15,000 円

注：プラス分は500円でも1,000円でもよい

　今まで、社長の見積り方針としては、営業部に対して、この直接原価以下では赤字になるので見積りしてはいけないというものでした。この会社の1か月の固定費（人件費）は 1,500 万円です。筆者のアドバイスは、月の受注が 5,000 万円と落ち込んでも固定費（人件費）は確保できているので、見積りは材料費（ 10,000 円）プラスアルファでよいのです。

　すなわち、見積りを 15,000 円で出しても赤字にはならずに、これにより受注が拡大すれば、利益が増えてくるのです。これがスループット会計の適用です。直接原価以下で売っても赤字になるのではなく、むしろ利益が拡大してきます。

　現在の会計法では製造ごとに直接原価を算出するのが、スループット会計では、直接原価に分けることが問題と捉えられます。中小メーカーの経営者はここに気づいていません。

　A 板金メーカー全製品の見積りに適用しました。 3 か月後、見積り成約率は 25% に上昇してきました。そして、受注は月当たり 6,500 万円に上昇してきました。

　このスループット会計は、イスラエルの物理学者ゴールドラット博士が確立した会計法の応用です。しかし、よくよく考えてみれば、受注が落ち込んでも固定費分が確保されているという条件が満たされているなら、後は材料費プラスアルファで見積りを出して成約すれば、アルファ分は売上向上とな

り、利益にも役立つのです。

　これはスループット会計を持ち出すまでもなく、当たり前の論理なのです。

　しかし、この考えは一見わかりにくく、1 回の説明で理解してくれる人は少ないです。

20. 微欠陥を撲滅しよう

　微欠陥の撲滅は、元（財）日本能率協会顧問の中井川正勝氏が提案された重要な工場改善のアプローチです。機械で生産をしている工場において、機械に微欠陥が発生するようになると頻繁にチョコ停が増え、故障も増え、不良も増えてきます。1 つだけの微欠陥なら、大きな問題にはならないのですが、その個所が増えると生産性を大きく下げてしまいます。

　筆者は、生産性向上の指導に、この「微欠陥の撲滅」を活用し、よい成果を出しています。

　今、この微欠陥箇所が 100 箇所あったとします。1 つの微欠陥の信頼度が 99％の場合を考えると、通常なら充分の信頼度であると判断できますが、ドイツのルッサーが発表した「乗積則」を適用すると 100 箇所の信頼度は 36.6％に落ちてしまいます。これは 63.4％不良が発生してしまうと捉えてよいです。

　中井川先生は、かつて飛行機の保全エンジニアをされていました。この信頼度では、飛行機が 2 回飛んだら 1 回墜落してしまうという大変なことになりますが、多くのメーカーの経営者は、工場は飛行機ではないという捉え方をしています。微欠陥撲滅にはお金がかかるからです。

　しかし、この考え方は慢性不良の撲滅や機械の稼働率の向上に役立つのです。筆者は生産性向上に TPM 活動（ Total Priventive Maintenance 全員参加の予防保全活動）の指導も行っていますが、微欠陥撲滅は TPM 活動の有力アプローチと捉えています。

　筆者はかつて、中井川先生のセミナーを受講しました。非常に情熱的な方で、強い親しみを感じました。飛行機の保守をやられていた影響からか、パレート図（重点志向）を嫌っていたのが印象的でした。飛行機の部品は、均

等に信頼度を上げる必要があるためです。重点指向のパレート図は問題と訴えていました。

　優れた手法（例：微欠陥撲滅）は適用対象を考えて活用すると偉力を発揮します。工場改善に携わる人は「微欠陥撲滅」の言葉は 必要用語です。

21. 機械故障用語：MTBF、MTTR、PM

　MTBF（Mean Time Between Failure ）は機械の平均故障間隔で、機械は必ずある周期で故障することを理解します。

　MTTR（ Mean Time To Repair ）は機械の平均修復時間で、機械が故障してから復旧するまでの時間であり、この時間を短くするのが改善です。

　PM（Preventive Maintenance ）これは機械が壊れる前にとるアクションで予防保全といいます。MTBF で故障の周期がわかれば、この周期前にアクション取ることができます。とりあえず、管理者は MTBF、MTTR、PM を正しく理解し活用してほしいと思います。

22. 工場改革を命がけでやる決意

　筆者はトヨタ生産方式の実践者に指導を受けるようになったとき「命がけでやるなら教えてやる」といわれました。一瞬ためらったが「命がけでやります」と答えました。工場改革とは 6 か月間で生産性を 30 ％以上上げることです。

　ハイデガー（ドイツの哲学者）は "先駆的決意性" を強調しました。

　この意味は死を強く自覚すると人生観が変わるといっています。

　"命がけでやる" とは "死ぬ覚悟でやる" と同じことです。

　いずれにせよ、大きな仕事を成し遂げるにはこの決意が必要です。

23. 営業活動における「お客様の生の声」の価値

　営業マンが顧客を訪問するのは、定期的な訪問か、ある目的を持った打合

〔図表 32　顧客訪問報告書〕

顧客訪問報告書

会社名：

日時：

打ち合せ内容：

営業担当

客の生の声	営業担当の意見
この欄には、客が特に強調したことや、漏らした情報を記入する	

せのときです。

　一般的に、営業関係者は書くことが嫌いといわれます。しかし、それでは営業マンとしては一流になれません。

　ここで強調したいのは、「お客様の生の声」をそのまま記録することです。

　そのために、「お客様の生の声」の欄を設け、ここにお客様のいったとおりの言葉を記入するのです (図表32)。

　営業マンの意見ではなく、あくまでもお客様のいったとおりの言葉を記入します。時には、納期遅れやクレームで怒鳴られることもあります。この怒りの言葉をそのまま記録するのです。これをそのまま書けるかがポイントです。

　お客様は、同業他社の情報を漏らしてくれることもあります。

　また、こういうものをつくってくれないかといわれることもあります。これらのお客様のいった言葉を加工しないで記入するのです。営業マンの意見は、右側の営業マンの意見欄に記入します。

　営業マンは、取引先を訪問して、このお客様の生の声を引き出せる工夫が必要となってきます。

　ISO9001（8.2.1）の要求において、お客様が組織の製品について満足しているかの情報入手と活用を要求しています。

　この要求を満たすため、お客様にアンケート記入を依頼しているケースが多いでしょう。お客様は、このアンケートの回答に躊躇します。

　理由は、「当社の製品についてどう考えますか」、と聞かれても困ります。

　これだけクレームを出しているのに、何で自社で判断できないかと逆襲されます。

　顧客満足度を聞くアンケートは、お客様に不満足を与えかねません。

　だから、日ごろから「お客様の生の声」を入手し、瞬時にその内容に対応して、アクションを取っていくことが、顧客満足度を高めていくのです。

　この情報を、技術部門へ伝達することにより、改良品や新製品の重要なヒントになるのです。この「お客様の生の声」から、顧客満足向上活動を展開するのが、1番自然で効率的です。

第 1 章
社内不良を減らすと
クレーム減になるという盲点に気づけ！

1. 工場の 95% が悩む品質問題

品質問題とクレーム

　近年、日本を代表する企業において品質を揺るがす事態が次々と発生しており、改めて品質について対策を講じる企業が増えています。貴工場でも品質問題を抱えていませんか。顧客から品質に対する要求事項が高まっていませんか。恐らくこれからも、顧客から品質に対する要求事項が高まると思われます。そして品質問題を考える上で大切なことはいくつかあるのですが、まず考えるべき前提は『品質問題は人が出している』ということです。

　したがって対策は人に対して打つべきですが、実際はできているようで、できていないのが現実です。

　経営者であれば、経営環境が刻々と変化する日々を肌で感じ取っておられるでしょう。主要顧客からの仕事を中心に行っている中小メーカーの多くは、いつ競合が現れて売上が減ってもおかしくありません。顧客の立場からすると、品質問題を抱えている工場と取引したいとは思いません。顧客から指摘される前に品質問題へ真剣に取り組んでおくことが、未来の経営を安定させることにも繋がるのです。

　なぜなら、顧客が強くクレームするのは次の仕事への期待からで、見方によっては、これからも注文を出しますよということです。しかし、何もいってこないというのは、実は取引を減らす、またはなくすという前触れかもしれないのです。

　一方で、工場管理者が品質問題について基本的なことを学んでいないという面もあります。つまり、工場長や品質担当者が何をすればよいのかを理解していないということです。正しく理解していないから、正しく行動がとれないわけです。また、不良品が出るとすぐに原因究明を行いますが、その前に考えるべき視点があるのにまったく行われていません。ＱＣ検定１級を持っている品質担当者がいても、実は不良はほとんど減らないのです。生産性向上と品質向上は密接に繋がっているのです。品質管理を正しく理解しましょう。

2. クレームは管理者の責任なり

責任決めは是正処置より何十倍の効果あり

　これまで中小メーカーを指導してきて強く感じるのは、クレーム発生時にクレームの責任者がはっきりしていないことです。工場で発生する問題のすべては人に起因しています。クレームが発生した場合、その原因（流出原因と不良原因）を追究し、再発防止策を講じます。この追究の仕方にも問題は多いのですが、クレーム減に1番効果があるのは、クレームの責任者を決めることです。

　例えば、第1工場が部品工場、第2工場が組立工場で、外観検査を品質保証課が行っている場合、部品工場でつくったモノが原因でクレームになったら第1工場長の責任、組立工場でつくったモノがクレームになったら第2工場長の責任、外観に関するモノでクレームになったら品質保証課長の責任とします。

　さて、ここからが重要ですが、クレーム1件に対して次回ボーナスを10%減らすというルールをつくり、減増比率は社長が決めることにしました。これは筆者のクレーム管理者責任論ですが、10%減の場合、クレームを10件出したらボーナスはゼロになります。ボーナス減になったら家庭騒動になりかねません。

　これではクレーム責任者が可哀想という人がいます。しかし、このルールのポイントは、クレーム責任者がクレームを出さないために、自ら何をしなければならないかを真剣に考えてもらうことにあります。ここに真の狙いがあるのです。確かに、今の管理者は原因追究力や再発防止追究力が弱いです。

　この力をつけてもらうことに繋がるのが、生産コンサルタントの指導でもあります。しかし、もっと重要なのは、クレーム責任者がクレームを防止するために、自ら何をしなければならないか、予防処置（クレームを出さない工夫）の価値に気づくことです。

　クレームが発生したとき、原因を追究し、再発防止策を取ることを是正処置といいます。ISO9001で8.5.2項の要求でもあります。

筆者の指導経験では、この是正処置によりクレーム責任者を決め、ボーナス減の仕組みをつくり実施したほうがクレーム減に大きく貢献します。

　メーカーでクレームが発生したとき、管理者は神がクレームを出させたような評論家になっているケースが多いですが、ここが問題であり盲点になっています。

3. 顧客は流出原因に強い関心あり

顧客は不良原因には関心なし

　筆者はかつて品質保証課長を5年間務めたことがありますが、この間、多くのクレームに直面し、お客様の怒りと対面する修羅場をくぐり抜けてきました。また、ISO9001の主任審査員として617日の審査を体験してきました。そして、お客様が「不良原因」ではなく「流出原因」のみに強い関心があることを知りました。

　特に中小メーカーにおいて、クレーム発生時に流出原因を追究しないで、不良原因のみを追究し、再発防止策を取っているケースが多いです。

　しかし、しっかりした顧客は「流出原因」と「その再発防止策」に強い関心があります。モノづくりにおいては、顧客には不良品を渡さないことが最重要です。特に社内で多くの不良を発生させている場合は、全数検査をやっていても顧客に不良を渡してはいけません。当たり前のことです。

　ですので、この流出原因の追究が重要なのです。かつて大手取引先のクレームに対する不良原因追究のため、多くの再現実験と是正処置かつクレーム製品が実用上問題ないことを示す膨大な資料を持って取引先の責任者へ説明に行きました。

　しかし、責任者は、その報告書に目もくれず、筆者に対し「今度この種のクレームを出したら品質保証課長を辞めるという宣言書を書け。そして、その宣言書のコピーを私の上司に渡す」といわれたのです。

　顧客は社内の製造についてはほとんど知りません。そして、不良原因をいくら説明しようとしても、関心を示さないケースが多いです。クレームになったことを怒っていますから、少なくとも流出原因を真剣に説明することです。

クレーム時、中小メーカーにおいて流出原因に触れず、不良原因とその対策だけを顧客に報告しているケースが多いです。また、顧客もそれで OK にしているケースが多く問題です。顧客に不良を渡してはいけません。

１度クレームを出したら再発させてはいけないのです。

ただし、顧客によっては許容クレーム率を示しているケースがあります。

例えば「10PPM クレームは容認する」、これは 10 万個に 1 個はクレームを認めることです。これ以上、クレームを出すと顧客の品質保証部の品質監査が入ります。10PPM 以上になると発注量を減らされます。要は、顧客のクレーム許容範囲を死守しなければなりません。

4. クレームは工場長自身が謝りに行け

顧客の怒りの表情をつかむ

クレームでは本当の理由をいえないケースがかなりあります。例えば寸法不良を出した場合、顧客に微欠陥が多くあるガタがきている機械でつくったとは、口が裂けてもいえません。このようなケースが多いため、通常、工場長がクレームの謝りに行くと何を話されるかわからないという理由で、品質保証部長・課長、技術部長、または営業の責任者が謝りに行くケースがほとんどです。

しかし、このようなやり方には大きな問題があります。クレームの最高責任者は工場長です。筆者が、「工場長が謝りに行け」という意味は、クレームの原因や是正処置の説明より、クレームに対する顧客の「怒り」の表情をキャッチさせることなのです。この「怒り」の表情こそ、工場長に再発防止の強い決意をさせるのです。情こそ、工場長に再発防止の強い決意をさせるのです。

実質的なクレーム責任者は、各管理者ですが、最高責任者は工場長です。

クレームが実質的なクレーム責任者は、各管理者であるが、最高責任者は工場長です。クレームがいかに顧客に不満足を与えているか、工場長自ら強い自覚を持つことが必要です。それは、クレームの是正処置より顧客の怒りを直接知ること、なのです。

工場長が何を話すかわからなければ、工場長が謝りに行く前に、これだけは話すな、と一言いっておけばよいだけなのです。

5. なぜ、予防処置は少ないのか

モノづくりの真髄がここにあることに気づかない

ISO9001 の審査で実感するのは、予防処置の件数が極めて少ないことです。品質保証の重要な手段は予防処置にあります。ここに気づいていません。

ISO9001 の審査においては、予防処置をしていなくても不適合 (指摘) になりません。しかし、予防処置を活用しないのはもったいないことです。

問題 (不良) が発生する前に、この問題を出さない処置が予防処置です。

予防処置には種々の方法がありますが、ここでは、筆者が実際に行い、確立した予防処置の方法について触れます。

ある会社の 1 年間に発生したクレームと社内不良を要因別に分析すると、4 つに分類されます。これをベースに予防処置に取り組むのです。

【4つの不良発生要因】

(1) 標準が守れていない不良発生

(2) 微調整を要するところによる不良発生

(3) 金型類の摩耗による不良発生

(4) 機械故障による不良発生

---

6. 不良は時系列で顔を捉えよ

これが不良の生のデータなり

不良の実態把握で重要なことは、不良を時系列で捉えることと不良の内容 (筆者は顔と呼ぶ) を捉えることです。例えば、カメラ部品をつくっているケースを考えてみます。A 部部品は NC 機械でつくっており、10 本に 1 本検査をするとします。10 本ごとの抜き取り検査で不良がみつかったとすると、今つくった 10 本の全数検査だけを行えばよいのです。だから、最悪の

場合は10本の不良で済むのです。ここがポイントです。不良を最小に食い止められます。この方式だとロット不良は起こりません。発見した不適合品の内容(顔)を記録することが重要です。よく「キズ」とか「汚れ」だけ記録しているケースが多いですが、これは不適合品の項目であり、内容(顔)ではありません。不適合品を減らすには時系列と不良の内容の事実を正確に把握することから出発しなければなりません。すべての製品をつくってからの抜き取り検査では全数ロット不良になるケースがあり、即やめなければなりません。

　現在もこの方式を行っている中小メーカーは多いので、早急にこの方式のムダに気づかねばなりません。

7. 検査ボックスで検査力向上を図れ

検査ボックスの価値を知れ

　ボックス(箱)の中に製品を50個入れます。その中に1個不良品(寸法はずれ、または外観不良)を入れておき、この不良品を何分何秒で検出できるかで検査の力量、検査力を調べます。時には、不良品を入れないで良品だけにしておき、「良品だけです」と答えられたら合格です。

　筆者は、検査力を向上させる方法としてこの検査ボックスを有力な手段と考え、活用してもらっています。検査力のアップに検査ボックスで何回も何回も訓練させるのです。検査の技能大会もこの検査ボックスが有効です。最も短い時間で不良箇所をみつけた人が優秀な検査者なのです。始業時、検査員にこの検査ボックスで検査させることで検査感度が上がるのです。

　検査ボックスの活用により、検査精度と検査速度はどんどん向上していきます。

8. クレームを撲滅する方法を知れ

クレーム撲滅の目標展開を適用せよ

　クレームを撲滅するのに、いきなり撲滅する施策に入っても減りません。

157

図表33のクレーム撲滅の目標展開に示すように、クレーム撲滅をするための目標の分解展開をし、展開された目標を明確にする必要があえります。

　次に展開された目標を達成させる計画(施策)をつくり、活動を進めていきます。このようにシステマチックに進めていかないとクレームの撲滅はできません。この具体的な進め方は、"O式"クレーム撲滅法として、『製造業の高レベル目標管理法』(日刊工業新聞社　近江堅一著)に示しました。これをぜひ活用してください。

〔図表33　クレーム撲滅の目標展開〕

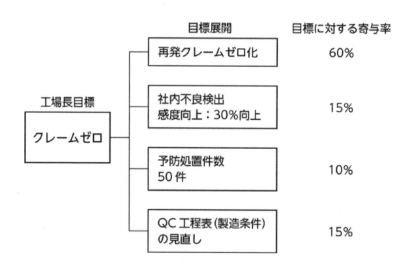

9. 検査の標準時間と品質保証の関係を知れ

標準検査時間の指示なしに品質保証はできない

　1個当たりの検査時間、すなわち1時間に何個検査するかを定めない限り品質保証はできません。これは当たり前のことです。

　例えば、1個検査するのに3分かかるとします。5分かかれば何か問題が

あったのであり、1分で終われば手抜きしています。このように正しい検査は定められた時間内にきちんとやることであり、これが品質を保証させるのです。ここに気づく必要があります。

　今、メーカーにおける検査において、時間指示を出して検査をしていません。かかった時間がそのまま検査時間になっており、これでは品質保証はできません。品質保証と検査時間は密接な関係があるのです。

　これは社内で計測器の校正をしているケースも同じです。校正する時間を決めるだけでは、正しい校正はできないのです。

10. QCサークルのマンネリ化を打破せよ

何か月もかけて1テーマはムダ、月1件解決せよ

　通常、QCサークルは週1回、30分会社から時間を与えられて活動を行います。テーマ（目標）は原則的に QCサークルが自主的に決めてよいことになっています。

　また、QCサークル活動では、数か月間かけて1つのテーマを完結させます。QCサークルの活動プロセスはQCストーリーに基づいて行われます。

　ＱＣ手法の適用が推奨されています。しかし、現状はマンネリ化になっているケースが少なくありません。

　それは1つのテーマ（目標）を数か月、時には5か月間もダラダラと進めることに起因しているます。QCサークルに大きな経済効果を期待していることにも問題があります。管理者がやるべきテーマ（目標）をQCサークルに期待しているケースすらあります。

　筆者の指導は、月に1テーマ（目標）解決できるように、それを小さなテーマ（目標）にすることです。そして、大きな経済効果を期待しないことにあります。さらに、QC手法やQCストーリーにこだわる必要はないのです。

　目標達成させるため、よく対象を観察し、問題をみつけ、解決していけばよいのです。

　会社の時間で行うのであるから、上司承認のテーマ（目標）とすることです。QCサークルのメンバーが問題をみつけ、いかに解決していったかのプ

ロセスを重視します。

　QC サークルには大きな経済効果を期待してはいけません。ここがポイントです。発表会も上級管理者が評価するのではなく、参加社員の投票で、金、銀、および銅賞を決めればよいのです。

　経済効果を出すのは管理者の方針管理（高い経営改善目標を決め、大きな改善で目標達成を図る方式）であり、QC サークルは身近に発生している小さな問題を自分たちで解決していくことにあります。この視点で QC サークルの再活性を図っていくのです。

11. 品質関係者は QC 手法より製造条件を勉強せよ

正しい作業は良品のみつくる

　図表 34 の製造プロセスをみてください。正しい作業（製造条件・手順 / 時間）をインプットとすれば、製造プロセスを通してアウトプットは食品のみとなります。不良品はつくれないのです。これからわかるように、良品は正しい作業の結果なのです。QC 手法は概して不良になった場合の結果の分析です。これでは遅いのです。

　正しい作業が「光線の当て方」とすれば、不良は「その影」です。

　要は、「正しい作業」に力点を置くことですから、筆者は QC 関係者に、まず正しい作特に製造条件・製造手順を勉強することを推奨しています。品質関係者は、「作業者が正しい作業をしているのかを監査し、不良を出さない作業を監査し、不良を出さない作業 (製造条件手順 / 時間) を提案していくのです。

　これが QC 手法より製造条件を勉強せよの意味と価値です。

　品質保証課長時代、スタッフへ製造条件を勉強させ「不良を出さない実験」をさせました。そして、筆者の品質保証課は、第 2 生産技術課といわれ、製造課から喜ばれました。

　品質関係者にとって大事なことは、結果の分析ではなく、正しい作業でつくることに参加することです。ここに力点を置きたいものです。

〔図表34　製造プロセス〕

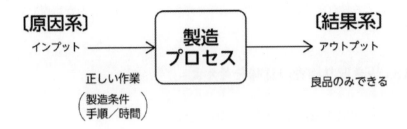

12. 外注依頼の受け入れ検査をやめよ

やめると外注依頼先の品質レベルが飛躍的に向上する

　本来、外注依頼とは加工のみの依頼ではなく、品質保証依頼なのですから、外注依頼品の受け入れ検査をすることは論理矛盾なのです。外注依頼先（協力会社）で品質保証されたモノを受け入れ検査で抜き取り検査を行っても意味がありません。しかし、この抜き取りの受け入れ検査で不適合品がみつかるとはどういうことでしょうか。ここを考えなければならなりません。協力会社がきちんと完成品検査をやっていない証拠です。

　協力会社としたら、納入先で受け入れ検査をやってくれているから、「多少品質に問題があっても出荷してしまえ」「何かあったらいってくるだろう」という判断なのです。ですから、協力会社には、受け入れ検査をやらないことを通知することです。

　協力会社の製品が社内製造工程で不適合品がみつかった場合や顧客に渡ってクレームになった場合は、損害賠償をしてもらう契約書を取り交わしますが、この契約書の取り交わしが、協力会社の品質レベルを飛躍的に向上させるのです。

161

要は、協力会社への依頼は加工のみの依頼ではなく、品質保証依頼なので受け入れ検査は論理矛盾なのです。

受け入れ検査することが当たり前だと考えていますが、これが盲点であり錯覚なのです。

13. 抜き取り検査の意味を考えよ

CP値（工程能力値）で抜き取り頻度を決めよ

ある製品500個つくってから、ランダムに20個の抜き取り検査をする場合を考えましょう。

これは、一見論理的にみえますが、500個つくってからの抜き取り検査では、すべて不良のケースもあり得ます。モノづくりにおいては、時系列で生産しているので、生産順に20本に1本抜き取り検査を行えば最悪の場合でも不良は20本で済みます。

これは当たり前のことですが、中小メーカーでは必要数500個つくってから抜き取り検査をしているケースが多いです。

しかし、このやり方ではなく、時系列で検査します。

時系列に何本に1本抜き取りするかは、CP値（工程能力値）によって決めればよいのです。

通常、CP値は1.33以上あれば、時系列による抜き取りを、例えば40本に1本でトライします。CP値が1以下であったら、例えば5本に1本の抜き取り検査を行います。ここで、筆者がいいたいことは、必要数全部をつくってから、ランダムに抜き取り検査するのは適切ではないということです。

なぜなら、ロット不良を発生させるからです。

生産順にしたがって、例えば20本に1本抜き取り検査を行っていけば、不良が発生しても最大20本に抑えられます。

時系列で抜き取りするもう1つのメリットは、規格値に対して、現在の品質レベルが把握できるので、規格値に近づきすぎた寸法調整するアクションが取れることから、次の20本も限りなく合格に入る確率が高くなってくるのです。

162

〔図表35　CP値の求め方〕

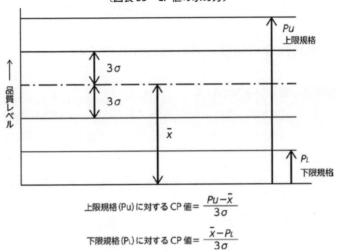

上限規格 (Pu) に対する CP 値＝$\dfrac{Pu-\bar{x}}{3\sigma}$

下限規格 (PL) に対する CP 値＝$\dfrac{\bar{x}-P_L}{3\sigma}$

図表35にCP値の求め方を示すので参考にしてください。

CP値 (工程能力値) は、規格値と現在の実力値の差と考えればよいのです。

注意すべき点としては、このCP値の適用は、製品の特性分布が正規分布していることが必要です。

14. 品質は工程でつくり込め

作業者に検査力をつけさせよ

品質は工程でつくり込むということは、作業者自身が加工した製品を品質保証することです。このためには、作業者が検査力を持っていないとできません。作業者の力量は、技能の力量と検査の力量から構成されています。

いくら技能力があっても、検査力がなければ早く正確に作業はできませんから自工程で品質保証し、次工程へ不良を渡さないためには、作業者に技能力と検査力の力量をつける必要があります 。

製品加工は、図面要求を満たすために行うのですから、検査力が必要なのです。作業者は、製品加工、検査員は製品加工されたモノを検査するという分業的な仕事のやり方では、品質は自工程でつくり込むことはできません。

163

品質を自工程でつくり込むのは、作業者自身です。このためには、作業者に技能力と検査力をつけさせることが絶対条件なのです。

15. 完成品検査規格は顧客仕様書からつくれ

製造指示書の間違いをみつけよ

図表 36 の完成品検査規格の照合をみてください。完成品検査規格は、直接顧客仕様書からつくることがポイントです。製造指示書から完成品検査規格をつくってはいけません。

その理由は、完成品検査規格は製造指示書の間違いを発見する役割を持っているからです。製造指示書をベースに完成品検査規格をつくったら、製造指示書自体の間違いを発見できません。これは、よく考えれば当たり前ですが、製造指示書から完成品検査規格をつくり検査したため、クレームになっているケースがあります。要は、完成品検査規格は顧客の受け入れ検査をする視点からつくるのです。

〔図表 36　完成品検査規格の照合〕

最初の規格と照合する

| 顧客仕様書 | → | 製造指示書 | → | 製造 | → | 完成品検査規格 |

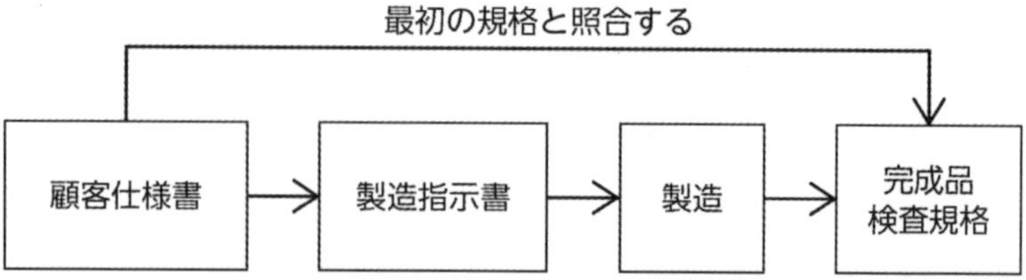

16. 5S では生産性は向上しない

目につくムダをとっても生産性向上に響かず

整理整頓は、モノづくりの基本であり、重要です。5S 然りです。

しかし、今、顧客からは年 3 〜 8% の値引きや短納期 2 週間を 1 週間にして欲しい、受注の翌日、または翌々日に出荷して欲しいといった強烈な要求があります。

工場内のムダには、① 目で気づくムダ② 目で気づいていないムダの 2 種

類があります。

　通常、5S は ① 目で気づくムダ取りに属します。工場を回り、目で気づくムダ取りをやっても大きなコストダウン生産性向上にはなりません 。 この種の活動は、QC サークルレベルのムダ取りで、日常業務を少しでもやりやすくする維持活動にすぎません。

　管理者がやるべき活動は、大幅なコストダウン（生産性向上）であり、今、気づいていないムダに気づく工夫です。これが生産性を大幅に向上させる大改善です。この認識が必要なのです。

　筆者は、5S 活動を否定しているのではありません。今、気づいていないムダに気づくには、ムダ取りの視点ではないということです。気づいていないムダに気づいて、生産性を大幅に向上させるには、新しいユニークアイデアを生み出すことです。これが結果として、気づいていないムダを取ることになると理解しましょう。

　「大幅な生産性向上をするためには、新しいやり方を発明しなければならない（今、考えているやり方では大幅な生産性向上はできない ）」、これはアインシュタインの思考方法です。これは真理をついています。筆者がいいたいのは、「新しいやり方の発明」で、すなわち、今まで気づかなかったアイデアを出さない限り、大幅な生産性向上はできないということです。このような視点から、筆者は 5S 活動では生産性向上はできないといっているのです。

　改善には、日常業務を少しでもやりやすくするための QC レベルの維持改善と大幅な生産性向上やリードタイム短縮する大きな改善の 2 種類があります。中小メーカーの管理者は、よくこの 2 種類の意味を理解してください。

　後述する「 1 日改善会」は大きな改善、すなわち新しいユニークアイデアを出す場なのです。

17. エアーカットはお金を生まない

ここに利益を生む理解の秘密あり

　図表 37 のドリルのエアーカットをみてください。ドリルの先端が被加工

物に触れるまでを「エアーカット」といいます。これは、ドリルが空気を切っている間はお金を生んでいないことを教えています。

　筆者がトヨタ自動車で特訓を受けているとき、この指導を現場で教えてもらい、トヨタ生産方式に開眼しました。お金を生んでいる瞬間とは、ドリルの先端が被加工物に触れ、穴をあけている瞬間だけなのです。プレスを例にとると、プレスにおいてお金を生んでいる瞬間は、ストーン、ストーンの音がしているときだけです。当たり前のことですが、段取り時間帯はお金を生んでいませんから、この時間を短縮する必要があります。

　ある金属部品の精密加工を行っている中小Ｂメーカーは、段取り作業になんと６時間もかかっていました。Ｂメーカーに指導に入りこの短縮改善を行い、２時間以下にしたのです。

　段取り作業６時間のうち、４時間を生産に移行できました。お金を生む時間帯を増やしたのです。この現象は、等価的には「エアーカット」時間を削減したことに相当します。

　中小メーカーの管理者は、「エアーカット」(お金を生んでいない時間帯)を理解してください。これは、お金を生んでいる瞬間の正しい理解に繋がっていくのです。川崎にある中小メーカーの専務工場長は、この「エアーカット」に強い関心を示し、FL法の指導を受け入れるに至りました。

〔図表37　ドリルのエアーカット〕

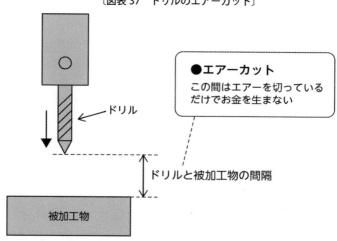

●エアーカット
この間はエアーを切っているだけでお金を生まない

ドリル

ドリルと被加工物の間隔

被加工物

18. 段取り回数はどんどん増やせ

まず段取り時間を半減せよ

　トヨタ生産方式で最も優れた手法は「自主研」であると筆者は理解しています。この自主研については意外に知られていません。これは、1 日で高い目標を達成させるため、複数人が集まり大改善を行う改善道場なのです。徹夜しても目標達成までやり抜くのです。

　図表 25（116 頁）の 1 日改善会をみてください。 5 時間の改善で段取り時間が飛躍的に短縮します。筆者は自主研をわかりやすく「 1 日改善会」と呼んでいます。この改善会を 250 回以上体験していますが、この改善会を 20 回やると管理者やリーダーの意識が変わります。40 回やると意識改革ができます。これは真実の法則です。人は体験なしに意識は変わりません。

　改善力ある人づくりは、1 日改善会の回数で決まるといってよいでしょう。この 1 日改善会は改善道場なのです。是非この価値に気づいてください。

　1 日で驚くべき改善ができるのです。その秘訣は、5 時間以上経過すると左脳（常識的・論理的思考）の働きが、右脳（非常識・非論理的思考）の働きに移行してくるから、新しいユニークアイデアを生むのです。

　「物になって考え、物となって行う、すると物来たって我を照らす」

　これは、西田幾多郎（哲学者、 1870 〜 1945）の西田哲学の用語ですが、1 日改善会はこの用語の実現の場です。

　1 日改善会で 5 時間以上経過することは、改善者が改善対象物になりきることに相当します。すると、改善対象物自身がここを改善しなさいと教えてくれるのです。つまり、思考が右脳に移行し、改善者が改善対象になりきると、改善対象物が問題はここだよ、と教えてくれるのです。これは体験してはじめてわかるのです。

　トヨタの自主研筆者の 1 日改善会の効果が出る論理的裏づけは、この西田哲学の用語です。西田哲学の用語では、この事象を「行為的直観」と呼んでいます。これは真理の法則であると筆者は確信しています。

　1 日改善会の体験なしに改善力ある人はできないでしょう。

〔図表38　1日改善会シート〕

第　回　1日改善会	テーマ	
1.　テーマ選定の理由	2.　日時 　　構成 　　メンバー	
3.　目標と達成度 　目標　　達成度	4.　現状(詳細別紙)と問題点(悪さ)	
5.　主な改善点、常識打破、発見点（詳細別紙）	6.　実施事項(いつから実施するか。注意ポイントは)	
7.　残された改善事項、問題点 　　（いつまでに誰が責任をもってやるか）	8.　反省点、メンバーの感想、特記点	

19. 稼働率は下げ、可働率を上げよ

見かけの稼働率を上げても意味がない

　稼働率の分母は24時間機械を動かしてできる計画生産高で、分子は実際にできた生産高ですから、稼働率は顧客が決めるものです。まず、この正しい理解が必要です。

　顧客がいずれ買ってくれると考え、今、納期が決まっていないモノをつくり、見かけ上の稼働率を上げても意味がありません。ここでの「稼働率を下げろ」の意味は、受注したモノだけつくれです。

　中小メーカーの多くの経営者は稼働率を上げれば利益が出る、すなわち機械を回せばよいと考えています。稼働率は顧客が決めるものであり、いずれ買ってくれるからと考えて工場が勝手につくるなど、見かけ上の稼働率を上

168

げても意味がないのです。

　一方、可動率の分母は、本日つくる必要な生産高であり、分子は実際にでき生産高です。ですから、可動率は限りなく 100% に近づけなくてはなりません。発音は同じですが、稼働率と可動率をきちんと区別しなくてはなりません。そして、いずれ顧客が買ってくれると考えて、今必要としないモノをつくり、見かけ上の稼働率を上げて余計な製品在庫をつくるのはムダと認識してください。

20. 現場には納期を教えるな！

現場が勝手に残業時間を決めるからだ

　生産計画とは、納期が間に合う前提で各工程が翌日つくるべき指示をすることです。翌日、各工程は生産計画にしたがってやるべきことの指示どおりにつくればよいのです。これを遵守すれば納期遅れは出ません。当たり前のことです。

　しかし、中小メーカーの多くは、各工程に客からの注文書を渡し、各工程に生産計画らしきものを立てさせていますから、各工程のリーダーが残業時間を勝手に決めるため、コストアップさせてしまっています。

　生産計画責任者は、納期が間に合わないときのみ残業計画を立てます。計画された残業時間で各工程が残業するのはかまいません。このような計画を立てずに、各工程 (現場) に注文書を渡すと、「定時で帰る」または「残業する」を勝手に決めてしまうのです。

　生産計画責任者は、原則として各工程が翌日に定時内でやるべきことを指示しなければなりません。これが生産計画責任者の役割です。現場に顧客の注文書を渡し、これに間に合うようにやってくれというのはモノづくりの盲点・錯覚で、このようなやり方では生産性は上がりません。

　当たり前ですが、このやり方をしている中小メーカーは多いです。

　現場に納期を教えてはいけないのです。この大切なポイントに気づいてください。

21. 横工程持ち責任を縦工程持ち責任にする

品質責任とモノの流れの進捗管理がしやすくなる

　第1工程に機械5台、次の第2工程に機械6台、第3工程に機械5台があったとします。通常は、各工程をリーダー（監督者）が管理しています。

　これを横工程持ち責任といいます。

　横工程持ち責任を縦工程持ち責任に変えてみると意外と有効なケースがあります。

　例えば、3人のリーダーでA、B、C工程を担当します。1人のリーダー（監督者）が製品ごとにa製品についてA, B, C工程、すなわち縦工程の責任を持ちます。他のリーダー1人はb製品のA、B、C工程をモノの流れに沿ってみます。最後のリーダーは、c製品のA、B、C工程をみます。

　中小メーカーにおいては、種々の多品種少量生産型であり、ケースバイケースですが、製品ごとに1人のリーダーが最初の工程から後工程まで責任を持ってみるのが縦工程持ち責任です。

　このメリットは、1人のリーダー（監督者）が品質保証と製品の流れ納期に責任を持てることです。この縦工程持ち責任で行うと、各工程の機械の取り合いになる心配がありますが、これは生産計画で調整すればよいのです。

　横工程持ち責任だと、製品の流れに沿った責任が持てません。そして、自工程だけの生産効率化を追求しがちになります。納期遅れになると、責任のなすり合いになります。

　とにかく、縦工程持ち責任にしていくことがJITに適しているのです。

第 2 章
「徹底したムダ取り」
に潜む盲点に気づけ！

1. 目標を決めないムダ取りは効率が悪い

目標とムダ取り（手段）を混同するな

改善の基本は、まず「目標ありき」なのです。競争するのにゴール(目標)を決めないで走るでしょうか。ムダ取りは走り方の工夫です。現在、多くの管理者はムダ取りの結果として生産性が向上すると考えています。この考え方は一理あるものの、極めて効率が悪く、正しいアプローチではありません。

まず「目標ありき」が正しいアプローチです。目標には、目標値と目標達成期限を含むのです。目標を決めたら、次に目標達成の計画をつくり、ここから改善活動(ムダ取りを含む)がスタートします。今、顧客の値引き要求は年に 3 ～ 8% です。この値引き要求に対応するには、工場が 30% 以上の生産性向上という目標に挑戦する必要があります。工場には、小さなムダがたくさんありますが、これらのムダを取っても生産性向上には響きません。

生産性向上には、まず高い目標を決め、これを達成するためのアイデアとムダ取りの両面から知恵を出していくのがポイントです。管理者の役割なのです。

QC サークルにおいては、小さな目標を決めて解決を図っていきます。いずれにせよ、まず、目標ありきなのです。

2. 目で気づくムダはいくら取っても生産性向上に響かない

目で気づかないムダをどうとるか

工場には、目で気づくムダと目で気づかないムダがありますが、工場には、目で気づくムダは多くあるものの、概して、目で気づくムダは小さなムダであり、これらのムダを取っても生産性向上には響きません。

生産性向上に大きく寄与するのは、目で気づかないムダです。では、目で気づかないムダをどう取るかです。これには、新しいユニークアイデアを出していくことです。ユニークアイデアを出すには、主に 115・167 頁などで触れている「1 日改善会」を活用します。

　1日改善会は、1日で達成する高い目標を設定し、複数メンバーで行います。たとえ徹夜してでも目標達成までやり抜きます。筆者は1日改善会は5時間以上かけるルールで指導しています。

　1日で達成させる高い目標を決めて取り組むのだから、小さなアイデアや小さなムダを取る発想では達成できません。つまり、左脳(論理的常識で考える脳)での働きでは達成しません。非論理的・非常識で考える右脳を働かせることです。

　図表39の右脳を活かすに示すように、右脳が働いてくると、今まで気づかなかったユニーク発想がどんどん出てきます。実は、このユニークアイデアで大きな改善ができるようになります。この改善こそ、目で気づかないムダを結果として取ったことになります。筆者はこう捉えます。ユニークアイデアによる改善こそ価値がありますから、生産性を上げるのはムダ取りだけでなく、ユニークアイデアによる改善がより重要と考えるのです。

　右脳が頻繁に働くようになると、今まで眠っていた潜在能力が呼び起されよりいっそうユニークアイデアが生まれてきます。右脳活用はタダです。これまで5時間以上かけた「1日改善会」を250回以上行ってきました。この右脳を活用しないというムダは計りしれません。

〔図表39　右脳を活かす〕

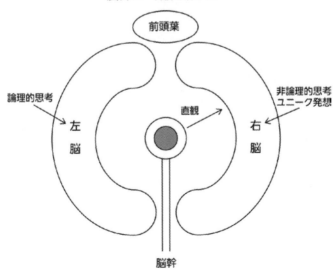

3. 工程のネックを知らない管理者のムダをどう取るか

再度 JIT の意味を知れ

　モノづくりには必ずネック工程があります。このネック工程をみつける方法は、工程の前に仕掛品が1番多くある工程です。現場を回わればすぐわかります。生産高はネック工程で決まります。当たり前です。ですから、ネック工程の前工程がいくら生産量をつくっても仕掛品が増えるだけです。生産性を上げるにはネック工程の能力を上げるか、またはネック工程の前工程とネック工程の間に、一定量の仕掛量がたまったら前工程の生産をストップさせるかです。

　中小メーカーの管理者には、このことに気づかないケースが多く、ネック工程前に仕掛品をどんどんつくってしまいます。これは管理者がネック工程の意味と扱いを知らないからです。筆者は、これを管理者の考えのネックと呼んでいます。

　このムダを取るには、これも当たり前ですが、JIT（必要なモノを必要なとき、必要なだけ、必要な工数でつくる）の考え方を正しく理解することです。

4.「物申す」させていないムダを取ろう

人に聞いてわかる「者申す」は駄目だ

　「物申す」の「物」は入荷部材、仕掛品、完成品をいいます。物申すは、今、ここに置かれているのが正常であることがわかるようにすることです。具体的には、置かれている製品または仕掛品名が人に聞かなくてもわかるようにすることです。

　人に聞いてわかることを「者申す」といいます。この「物申す」と「者申す」は、トヨタ生産方式の用語です。「物申す」は、モノの整理整頓なのです。

　1日診断会では、資材倉庫に入って資材管理責任者に、「この倉庫に何種類の部材があるか」「部材在庫の金額はいくらか」を聞きますが、担当者は

答えられません。

　さらに、部材の発注方法を聞いても答えられません。資材管理には、2 つのポイントがあります。1 つは欠品しないで最少在庫で管理していることです。もう 1 つは、「自分のお金で買うとしたら、こういう買い方をするか」ということです。この 2 つの視点から資材管理をチェックします。

　工場に入って仕掛品をみて、今、ここにあるのが正常かと問いかけても製造課長は答えられません。出荷場においても、本日出荷品について質問しても答えられないケースが多いです。

　「物申す」されているとは、真に必要なモノをつくっているかを問いかけています。また、モノを探す時間を最小にしてくれるメリットもあります。

　モノの次は、製品を形づくる金型・刃物類 測定器および工具の「物申す」をしていきます。これが正しい整理・整頓です。

5. タクトタイムを知らないムダを取れ

サイクルタイムと区別せよ

　トヨタ用語に 2 つのタイム「タクトタイム」「サイクルタイム」があります。

　この 2 つのタイムを正しく理解しないと正しい適用はできません。サイクルタイムは、1 つの製品を つくるのにかかる時間であり、タクトタイムは納期に間に合うようにつくる時間です。

　例えば、翌日出荷する製品を 48 個つくるものとします。この製品を 1 個つくるのに 2 人でやれば 5 分でできます。これがサイクルタイムです。1 人でやれば 10 分でできます。1 日は 8 時間 (480 分) 勤務ですから、1 人でつくれば 8 時間 (480 分) で 48 個できます。これがタクトタイムです。一方、2 人でつくれば 4 時間 (240 分) で 48 個できてしまいます。この場合は、サイクルタイムでつくる必要はないのです。

　タクトタイムは、納期に間に合うなら少人員 (工数) でつくることなのです。このような場合、ムリしてサイクルタイムでつくる必要はありません。

　要は、注文が少ないときは、少ない人員でタクトタイムでつくるのがコスト減になりますし、忙しいときは、タクトタイム (TT)= サイクルタイム (CT)

になります。ぜひ、この2つのタイムを理解して活用してください。

6. 偶然設計をしないムダに気づけ

非公式営業アプローチをしてみよう

ここでは営業マンに実践してもらっている「偶然設計」について触れましょう。面識のない客先企業の発注権を握っている人の趣味・関心事を調べます。

相手は偶然でも、こちらは必然の設計。その場ではお互いの身分には触れず、顧客のキーマンと趣味で縁をつくるのです。近頃は、顧客のキーマンになかなか会ってもらえない場合が多いからです。偶然も縁。人間は縁をつくり得るものなのです。当たり前のアプローチでは受注に結びつきません。そのため、ユニークなアプローチをしてみましょう。

7. 工場改革は自力でできると考えるムダ

ムダ守・破・離を学べ

「守・破・離」という言葉があります。これは筆者の好きな言葉です。習い事はすべてそうですが、最初は師匠に基本を教わり、その通りに訓練します。これが「守」の意味です。師匠の教えを忠実に実践して訓練を重ねていくと、少しずつですが本人のよさが現れてきます。これが「破」です。

この実践をさらに続けていくと、その人の独自性が出てきて、師匠より強くなります。これが「離」です(図表40)。

この守・破・離は、1つの工場が改革しようとするとき、自力ではできず、外力の「守」から出発しなければならないことを教えています。つまり、外力なしに工場改革はできないのです。多くの中小メーカーは何とか自力で頑張ろうとしていますが、これはムリです。少なくとも「守」の教えは絶対に必要なのです。

かつてトヨタ生産方式の真の実践者に工場指導を受けました。ここで強く感じたのは、自力では工場改革はできないということでした。管理者は、今、自分が知っている範囲内でしか活動(改善)できません。この事実に気づく

のです。ですから、筆者は FL 法 (中小メーカーのトヨタ生産方式) の指導において、まず「守」を体得することを推奨しています。

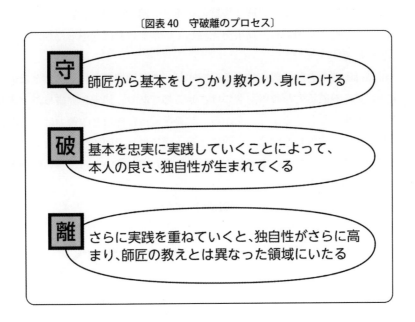

〔図表40　守破離のプロセス〕

守 師匠から基本をしっかり教わり、身につける

破 基本を忠実に実践していくことによって、本人の良さ、独自性が生まれてくる

離 さらに実践を重ねていくと、独自性がさらに高まり、師匠の教えとは異なった領域にいたる

8. なぜ、錯覚を見破られないか

人間の目はモノを歪んでみるレンズである

　図表41のミュラー・リヤー錯視をみてください。長さは同じなのに (a) のほうが長くみえます。これが錯覚です。(a) と (b) を重ねてみると、同じ長さということがわかります。(c) と (d) も同様に下の (d) のほうが大きくみえますが、同じ大きさなのです。

　錯覚を見破るには、みるだけでなく、重ねるなどのアクションが必要です。対象物を正しく認識するには、人間の目はモノを歪んでみるレンズであることを意識しないと、対象物の正しい姿を捉えることはできません。自分がみたものが正しいと決めつけるのは危険なのです。人間には、目の錯覚だけでなく、すぐ忘れるという記憶の錯覚もあります。「昨日の昼飯のおかずは何

だった?」と聞かれても、ほとんどの人はすぐに答えられません。

　エビングハウスの忘却曲線によると、人間は1日経つとたいてい忘れてしまうそうです。また、論理が複雑になると、論理の錯覚も起こします。これらのことをよく理解し、物事を認識していかなければ間違った判断をしてしまうのです。

　常識打破が大きな改善をさせるのですが、これは錯覚を見破ることなのです。錯覚を見破る力が改善力をつけさせるのであり、錯覚を見破ったときが常識打破をしたときです。ですから、常識を破った件数と改善力は比例関係にあります。改善対象物は、人間にはそう簡単に真の問題を教えないという抵抗力を持っています。ですから、錯覚に惑わされていたら、真の問題を発見できないのです。

〔図表41　錯覚〕

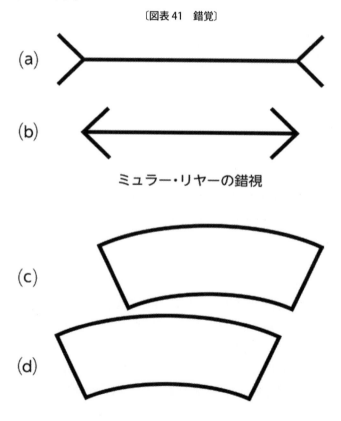

ミュラー・リヤーの錯視

第 3 章
監督者がラインにいる盲点に気づけ！

1. 監督者はなぜラインから離れられないか

管理者が監督者の役割に気づかない

　中小メーカーのほとんどの監督者は、作業者になっている監督者(現場リーダー)がライン作業に埋没し、ラインから離れられない理由として、多くの監督者は次の2つをあげます。

　1つは、自分にしかできない作業があるということ、もう1つは、自分が作業しないと納期遅れになってしまうということです。

　この監督者のラインから離れられない理由は、実はラインから離れてこそできることなのです。ラインから離れていれば、自分にしかできない作業を作業者に教えられます。

　また、きちんと生産計画にしたがってつくれば納期に間に合います。これは監督者の役割です。この矛盾・盲点に気づかなければなりません。

　監督者の主要な役割は作業者へ正しい作業(製造条件・手順)を教えることにあります。

　この正しい作業をやってみせ、やらせてみせることを繰り返して、教え込むのです。この結果が良品のみをつくります。

　ところが、現実は監督者自身が作業に埋没してしまっていますので、この役割が果たされていません。ここも問題なのです。

　ですから、作業者が不良を出すと作業者の責任にしてしまいます。不良責任は、監督者にあるのです。

　監督者は、幌馬車に例えたら御者の手綱を操作する役割を持ちます。幌馬車は馬だけでは走れません。御者が必要なのです。監督者は作業を1番早く正確に(不良を出さないで)できる人です。部下の作業者の作業をよくみて、作業面や品質面の指導が必要です。このような監督者を育てるのが管理者の役割・責任なのです。

　監督者が作業に埋没していたなら、監督者手当てを支払う必要はありません。上級作業者として扱えばいいのです。

2. 監督者は作業者の作業進捗管理をせよ

差異分析なしに生産性は向上しない

　監督者は時間の入った日産計画を出したら、作業の進捗管理をしなければなりません。少なくとも1日1回、図表42の定時チェック板に示した差異分析をしなければなりません。監督者は、「その時点での遅れは何分か」「その遅れの理由は」「今後遅れを出さない対策(改善策)は」そして「その遅れをどう取り戻すのか」などの処置を取らなくてはなりません。

　もし、定めた時間まで作業が終了しないときは、監督者は残業(残業代なしで)してやり抜くのです。

　このルールでやる狙いは、監督者が作業者に指示した作業を時間内に終了する精度の高い計画と進捗管理をすることにあります。とにかく、強い監督者をつくらない限り、生産性は向上しないのです。この強い監督者をつくるのが管理者の主要な役割です。

〔図表42　定時チェック板〕

定時チェック板		
	AM10:00	PM4:00
遅れ量		
遅れ理由		
遅れを取り戻す方法		
対策		

3. 今の監督者は技能の教え方を知らない

教え方には秘訣があるのだ

　監督者は「やってみせ」「やらせてみせ」を、部下である作業者ができるまで、繰り返します。これは、山本五十六元帥の教えであり、作業者への技能習得の基本です。

181

今の監督者は、自分がライン作業に埋没しており、とても部下を教える時間すらないのが現状です。FL 法は、まず監督者をラインから離すのが第 1 ステップです。しかし、監督者をラインから離しても、もう 1 つの大きな難題があります。それは、部下への技能を教える方法を訓練されていないことです。ですから、監督者自身が 1 つの技能を 3 年かかって体得したら、部下の指導も 3 年かかると平気でいうのです。ここが問題なので、とにかく早い速度で技能を体得させる訓練法を学ぶ必要があります。

　ある訓練法を示しましょう。1 つの作業において、すぐ覚えられるモノとそうでないモノがあります。まず、この層別をすることです。すぐ覚えられない作業は、調整作業を要するところです。

　一例を示します。銅線の回りにポリエチレン被膜を偏肉なしに均一の厚さにする調整作業について考えましょう。被膜工程において、1 番覚えにくい調整作業は、いかに早く均一厚の被膜にするかです。この肉厚調整には、4 つの調整ボルトがあります (図表 43)。この 4 つのボルトを使って、いかに早く均一な肉厚にするかです。

　この銅線径を変えたり、ポリエチレンの被膜厚を変えるのが、段取り時に 1 番時間がかかる調整作業です。いわゆる、この調整作業は 1 日 8 時間作業の内、1 ～ 2 回しかありません。これもベテランの作業者が調整してしまうので、この作業ができない人の訓練チャンスはありません。ですから、この工程に配属されても、調整作業をなかなか習得できません。

　筆者の指導は、監督者と作業者に休日出勤してもらい特訓するのです。これは、監督者 が偏肉状態をつくり、これを 4 つのボルトを操作して均一な肉厚になることをやってみせ、次に作業者に偏肉を均一な肉厚にすることをやってもらうのです。これを作業者ができるまで、何百回になろうとやるのです。これによって、この工程に配属されてたら 1 年以上かかる均一調整作業を休日の 1 日の訓練でマスターできるのです。

　要は、勤務中でなく休日や残業時間に繰り返し集中訓練することです。ここでは肉厚調整の例で示しましたが、すべての調整作業はこの原理で体得させるのです。「実作業しながら教える」という発想をやめるのです。難しい調整作業は、覚えるまで何回も何回も繰り返しやるしかありません。

〔図表 43　肉厚調整法〕

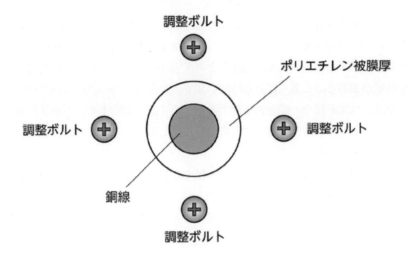

　作業者の力量とは、調整作業の習得にあるといってよいのです。調整以外の作業は覚えるまで何回も何回も繰り返しやるしかありません。

　調整以外の作業は、その工程に配属されればすぐ覚えられるのです。そして、もう１つ大切なことは、教える監督者が、きちんと誠意を持って教えれば、真剣に応えてくれると信じることです。これを「ピグマリオン効果」といいます。禅の教えでは、啐啄同時といいます。教える側と教わる側が、ぴったり呼吸が合うことです。管理者は、こういう指導ができる監督者を育成できなければなりません。

4. 監督者になりたくない作業者、課長になりたくない監督者

これでは工場はよくなるわけがない

　監督者になりたくない作業者、課長になりたくない監督者がかなりいます。

　これは今まで 180 社以上の中小メーカーを指導してきて感じていることです。社長が優秀な作業者を監督者に昇格させると命ずるとすると、監督者になりたくないという返事が返ってくるケースが多いのです。工場で働いて

いる作業者が早く監督者になりたいという気持ちを持って働いてもらわなかったら、工場はよくならないのは当たり前です。

なぜ、優秀な作業者が監督者になりたくないかというと、監督者になると生産計画の作成、進捗フォロー、QCサークルの世話役、改善提案促進などがあり、わずらわしい仕事が増えると考えるからです。そして、監督者手当がわずかであることも一因となっています。

要は、作業者は今の監督者に魅力を感じなくなっています。中小メーカーは、強くて魅力ある監督者をつくらなければなりません。これは、工場長や管理者の重要な役割です。

また、監督者が課長になりたくない傾向があるのは問題です。指導している横浜にある工場では、課長代理ががんばっているという評価で4月1日づけで課長に昇格。彼は急いで家に帰り、妻へ課長に昇格したと得意になり報告しました。妻も喜んでくれました。

実はここから問題が発生したのです。課長になると残業手当がなくなります。課長手当てはたった1万円であり、結局月3万円の減給になります。

妻は怒って前の課長代理でよいから、明日工場長に課長代理に戻してもらえというわけです。課長になればボーナスも少しずつ増え、トータルとして給与は増えると説明し、その場は何とか収まりました。

筆者は、社長と工場長に課長に昇格したら残業手当を上回る金額、例えば5万円は給与を増やす人事評価システムの見直しをアドバイスしました。

とにかく、課長になったら5万円以上の手当をつけることです。

課長は、この何倍の成果を出してくれます。よくやりがいは給与だけではないとカッコイイことをいう経営者がいますが、これは間違いです。

FL法は生産性30%を目標に挑戦し、50人規模だと月当たり400万円以上の利益が出ます。これらの改善を管理者や監督者に全情熱をかけてやってもらうので、前述した昇格額は安いモノです。要は経営者の考え次第です。

このことに気づいていません。

やる気と給与は深い関係があります。監督者が早く課長になりたいという強い気持ちが、工場改革に繋がるのです。

第 4 章
管理者の硬い思考の盲点に気づけ！

1. 管理者はパソコンを使うな！

まず、現場に出ろ

　生産性向上や生産リードタイム短縮を阻害している問題点は、すべて現場にあります。現地、現物、現実の観察が必要です。現場に潜む問題点の発見は、すべて現場の深い観察にあります。この観察によって、真の問題点を発見し、改善していくのです。

　この現場観察をしないで、管理者は 1 日のうち 40 ～ 50％ はパソコンのキーをたたいています。

　これは何を意味するのでしょうか。CAD の設計者がパソコンで設計している場合は例外として、製造に従事する管理者がパソコンのキーをたたいているのは、データなどの結果記録です。これで、真の問題点を発見できるのでしょうか。

　指導例ですが、筆者と係長で作業時間の短縮改善を 3 時間かけて、20 分作業を 5 分短縮して 15 分にしたのです。次回の指導時、その係長はパソコンできれいに 5 分短縮のプロセスをまとめていました。そのまとめにトータル 3 時間かかったとのことでした。筆者は係長に、誰にみせるために 3 時間かけてまとめたのか聞いてみました。

　筆者は、その係長へこの報告書を 3 時間かけてまとめる時間があったら、その 3 時間に現場へ出て 15 分をさらに短縮しようとしないのかと、アドバイスしたのです。

　もう 1 つの指導例を示しましょう。2m 先に座っている部下にパソコンで業務指示をしている管理者がいます。なぜ、直接口頭で指導しないかと問うと、パソコンで指示すると指示が具体化するといいます。何をかいわんやです。

　筆者がいいたいのは、現場で改善しなければ工場はよくならないということです。パソコンでいくらきれいにまとめた文書を部下に渡して指示しても工場はよくなりません。パソコンの有用性を否定しているのではありません。

　パソコン活用の意味を管理者に真剣に考えてもらいたいからです。

2. 安い外注はコストアップさせる！

内製の努力をせよ

　技術的に社内でできないものを外注に出すことはやむを得ません。

　外注の理由「単価が安いから外注に出す」と、ほとんどの外注発注責任者はいいます。しかし、「内製化できるものは外注に出すな」です。

　内製できるものでも、能力が満杯になった場合は、外注依頼もやむを得ません。

　とはいえ、社内の生産能力をきちんと把握していないで、安易に外注に出しているケースが多いのです。特に、売上が下がり社内でつくる能力があるのに外注に出している場合は問題です。

　これはモノづくりでの大きなムダです。外注に出すことは原則として利益が逃げることになるのです。

　筆者のアプローチは、生産性が上がると人員に余裕が出てくるので、この人員で外注依頼していたものを内製化していくのです。こうすれば外注費はなくなるのです。

　60名規模のC成形工場の指導例です。

　月の売上は5,000万円であり、月の赤字が400万円でした。外注に月当たり800万円出していました。外注に出している理由は、小物の成形品は社内では段取り時間がかかるからということでした。

　筆者の指導により、段取り時間を2時間から1時間以内に短縮したのです。

　これにより、外注依頼の800万円を400万円に減らすことができました。

　これだけで赤字は解消です。

　これからわかるように、外注依頼はコストアップさせます。単価が安いという理由で外注に出すのは、モノづくりの盲点・錯覚なのです。

　筆者は、単価が安いならすべて外注化して商社になれというと、それは困るという回答が返ってきます。とにかく、外注はコストアップすると捉えることです。

3. 管理者は価値ある瞬間を持て

この問いの価値を知れ

　管理者にはさまざまな能力が必要とされますが、価値ある瞬間を持つことは、組織や部下の成長、ひいては自らの成長に必須といってよいのです。管理者（または監督者）には価値ある4つの瞬間があります。

(1) 部下に直接やってみせる指導をしている瞬間

　管理者（または監督者）は、部下より早く正確に仕事や作業ができる人です。だから、部下に対して早く正確にやる方法をやってみせている瞬間は価値があります。

(2) 挑戦目標を達成させるための改善をしている瞬間

　管理者が経営をよくする目標を立て、その目標を達成させるため改善時間をつくり、改善している瞬間に価値があります。

(3) 他部門へ協力している瞬間

　他部門の管理者も挑戦目標に取り組んでいます。この目標達成には関係部門の協力が絶対に必要です。現実に、挑戦目標達成には部門間にまたがる問題が多いからです。ですから、ギブ・アンド・テイクで協力し合わなければなりません。

(4) 上司と本音で話し合っている瞬間

　直属の上司やその上の上司の協力なしに挑戦目標の必達はできませんから、上司と本音で話し合うパイプやメディアを持つことが必要です。

　かつて、マクルーハン教授（カナダの社会学者）は「メディア・イズ・メッセージ」と唱えました。これは、メッセージ（話の内容）よりメディア（本音で話し合えるパイプ）が重要な役割を示すという意味です。

　筆者は、「メディア・イズ・メッセージ」が真理であると信じています。

　「仲のよい上司には本音で何でも話せる」。これが「メディア・イズ・メッセージ」の重要な教えです。

4. 購買担当者は3年以上させるな

協力会社との癒着が生まれる

　中小メーカーの指導で強く感じることの1つは、協力会社に対しての指示のことです。依頼した部材や加工品が要求した期日に入ってこなくても強く叱りません。不良品が入ったとしても強く叱りません。別に協力会社に対してやましいことはないのに、です。これは、協力会社へ発注する管理者や担当者の担当期間が長いことが一因になっています。

　中小メーカーにおいて、10年以上担当しているケースがかなりあります。

　ですから、癒着が生まれ協力会社の利益代表になってしまっています。協力会社から給与をもらってもよいくらいです。購買担当を3年以上やっていると癒着してきます。

　協力会社に強くいえなくなります。長期間、購買担当をさせていること自体が問題なのです。癒着してくると、調達日数を減らす活動や、単価を安くさせる活動が鈍くなります。

　購買担当を3年以上やると本人の責任ではなく癒着してしまうものですから、筆者は中小メーカーの指導においては、3年以上経ったら変えなさいと工場長にアドバイスしています。

5. 納期遅れ、クレーム、社内不良は今の仕事のやり方の結果

すべては原因（光線の当て方）の結果（影）である

　原因があって結果が生じます。「因果応報」、これは、お釈迦様が発見した法則です。近年、中小メーカーは、受注減の中、納期遅れやクレーム、社内不良で決算を悪化させています。これらは、すべて仕事のやり方(原因)に起因しています。納期遅れが出ているのは、しっかりした生産計画を立てて計画通りにつくっていないからで、クレームを出しているのは、クレームを出す仕組みでつくっているからです。社内不良についても、社内不良を出す仕組みでつくっているからです。

納期遅れについて、遅れを出している悪知恵の 1 つはロット合併です。今週 A 社納品の A 製品が 100 個あるとします。また、来週 B 社納品の A 品が 100 個あるとします。この場合、A 品を 200 個一緒につくるのがロット合併です。このロット合併を複数製品に適用してしまうので、今週出荷する他の製品が製造に入らなくなり、納期遅れという副作用を出してしまいます。

　このロット合併は、段取り回数を少なくする手段ですが、段取り時間の短縮によって止められるのです。要は、モノづくりの考え方が間違っているのです。

　次に、クレームですが、クレームとは社内でしっかり不良をみつけなければならないのに、顧客に渡してしまうことです。この防止策は種々ありますが、1 番効果があるのは、管理者のクレーム責任を明確にして、1 回クレームを出すごとにボーナスを減額していくことです。

　日本の管理者は「責任を取る」という表現は好きですが、責任の意味を理解していません。責任を取るとは、収入が減ることです。

　社内不良については、監督者 (現場リーダー) の責任と捉えます。不良は作業者の責任にしてはいけません。監督者が部下の作業者へ正しい作業 (製造条件 や手順) を教えていないから作業者に不良を出させた、と捉えます。

　このように、納期遅れは生産計画、クレームは管理者責任、そして社内不良は監督者責任という仕事のやり方 (光線の当て方) によって、激減していなくなる) のです。すべては原因があっての結果なのです。

6. 死亡診断書のデータをとるな

アクションがとれないデータが多い

　どのメーカーも品質や生産性に関するデータは少なくありませんが、これらのデータにはアクションに結びつかないものが多すぎます。このようなデータは、死亡診断書です。

　指導したある携帯電話の部品メーカーの例で、毎週不良の詳細報告が 30 枚以上出されます。不良があまりに多く、かつ不良低減のアクションがとれ

るように示されていないので、誰もアクションが取れません。正に死亡診断書の代表例です。

　社内不良はアクションを取らない限り減りません。当たり前です。データを集計し分析することは、不良低減のアクションを取ることが前提です。くれぐれも死亡診断書はやめましょう。

7. なぜ深い観察ができないか

改善対象物になりきっていないからだ

　図表 44 の改善対象物との距離をみてください。(a) は、改善者が改善対象物を遠くから評論家的な観察をして、問題をみつけて改善しようとしています。これでは深い観察→問題発見→改善はできません。

　深い観察は、改善対象物の中に入り、対象物になりきることが必要です。この改善対象物になりきる有力な方法は「1 日改善会」です。5 時間以上の時間が経過する必要があります。

　前述の「物になって考え、物となって行え。すると物来たって我を照らす」は西田哲学の対象物の認識に関する教えです。これは、改善者が改善対象物になりきると、改善対象 物が問題はここだと教えてくれるという教えです。

　これは、真剣に対象物に取り組めば、必ず真の問題点に気づき、問題解決の改善 ができるということです。この教えは、西田哲学 では「行為的直観」といっています。筆者は、この教えは真理と捉え、生産性向上の指導に活かしています。

〔図表 44　改善対象物との距離〕

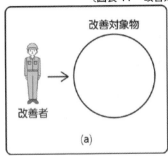

8. 改善時間をつくれ

時間創出なしに改善は進まない

改善は目標達成させる武器です。この改善を行うには、改善する時間をつくり出さなければなりません。この時間をつくり出す方法が、筆者の「時間創出法」です。

中小メーカーの管理者は、日常業務に追われて改善時間をつくることに気づいていません。この改善時間をつくらないと、大きな目標は達成できないのです。今、顧客は1年間に3〜8%の値引きを要求してきていますが、管理者が日常業務だけに埋没していたら赤字化に向かってしまいます。

とにかく、管理者の考えを変えて改善する時間をつくることです。

まず、管理者は生産性を大幅に上げる目標を設定し、これを必達させなければなりません。そのためには、改善時間をつくり出すことです。

「目標達成度は、改善導入時間に比例する」は、筆者の経験則ですが、目標を必達させるには、改善時間をつくり出し、改善を進めるしかありません。

目標未達の原因は、改善時間が少ないことにつきます。

【時間創出法】

① 1日：1〜1.5時間の改善時間をつくる

※この時間を確保するには、この2つを実践すれば十分可能です。

- ・日常業務を20％効率化する（8時間の仕事を6時間半でやる）
- ・やらない仕事を決める

② 1週間に1回、5時間以上かけて行う

※「1日改善会」の時間をつくる

---

9. 在庫があれば管理者はいらない

在庫は管理者の安全賃

「不良が出ても心配するな！」「機械故障が発生しても心配するな！」「生産計画ミスがあっても心配するな！」、このような問題が発生しても、製品在庫があれば、そこから出荷すればよいことになってしまうので、製品在庫があれば管理者はいりません。トヨタ生産方式は、在庫をゼロでやれといっていません。真に必要な在庫は認めています。

在庫を持つことの罪は、図表45の在庫の問題点で示すように、工場に潜んでいる問題点を隠してしまうことで、水位 (在庫量) が下がれば、さまざま問題が姿を現すのです。

在庫を持たない状態で、「不良が発生したらどうするか」「機械故障が発生したらどうするか」、これらに対処する「仕組み」をつくることが管理者の役割なのです。FL法は、この対処法に応える仕組みを持っているのです。

〔図表45　在庫の問題点〕

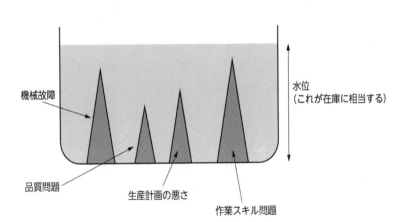

10. 命がけで改善しないムダに気づけ

この1か月間何をやったか

　当時の勤め先である千葉事業所で、トヨタ生産方式の指導を受けることになりました。

　筆者がその推進責任者になったとき、トヨタ生産方式の指導者に呼ばれ、「トヨタ生産方式は生半可では成功しない。もし近江さん（筆者）が命がけでやるならトヨタ生産方式を教えてやる」といわれたのです。

　命がけとは全力投球すればよいのだと考え、「命がけでやります」と答えましたが、実は、この一言が筆者のその後の人生に大きな変化を与えることになりました。つまり1人の製造管理者が大きな発想転換をする契機となったのです。

　当時、千葉事業所には4つの工場があり、トヨタ生産方式で生産性を30%向上させることになったのです。筆者は、その推進責任者として、各工場からは3人の専任者が選出されました。そうして、月1回のトヨタ生産方式の指導で、1つの工場を6か月間で生産性を30%上げる活動がスタートしました。

　指導初期に、トヨタ生産方式の指導者より、夕食時「この1か月間、近江さんはリーダーとして何をやったのか」と問い詰められました。毎日、工場管理者と一緒に現場改善をやってきて大きな成果が出ているのに、なぜ、このような質問を受けるのか意味がわかりませんでした。

　「近江さん自身、よくこの意味を考えろ」という指示でしたが、活動を進めていくうち、徐々にこの意味がわかってきたのです。トヨタ生産方式は、ただ現場改善をすればよいのではありません。

　頭の固い工場長(製造部長)や製造課長に、「どれだけ発想を変えさせる行動をして影響を与えたか」ということが筆者、すなわちトヨタ生産方式の推進責任者の役割だったのです。従来のやり方がしみついている工場長(製造部長)に、生産性を上げるには、「どういう考えで、どう行動しなければならないか」を考えてもらうことです。

　これが筆者に与えられた主要な役目でした。

　従来は、工場長は部下の課長に指示を出し、やらせるという感覚だったのですが、それではダメなのです。

　工場長 (製造部長) 自ら、現場で改善するリーダーでなければならないので、筆者は1日改善会に工場長を参加させ、直接改善を通してリーダーシップの意味を体得してもらうようにしました。

　当時、筆者は、すでにトヨタ生産方式の特訓コースを受け、かつトヨタ生産方式の自主研 (1日改善会) にも参加しトヨタ生産方式の訓練は受けていたので、頭の固い管理者をトヨタ生産方式的な発想に転換させることができました。

　トヨタ生産方式の推進者に選ばれたのも、このような役割を担う特訓を受けてきたからでした。トヨタでは、工場で1番改善力のある人が工場長です。

　この改善力がなければ部下を現場で指導できません。

　数年後、筆者自身も工場長を務めましたが、部下に直接現場で改善指導を行うことができ、トヨタ生産方式の指導者 (日本で1番トヨタ生産方式に通じている人) が、筆者にいった「この1か月間、近江さんは何をやったか」という意味がわかるようになったのです。

　トヨタ生産方式の推進責任者は、ただ現場で改善すればよいというものではありません。現場改善を通して、管理者の意識変化を与えることにあるのです。

　工場改革とは、「管理者の意識改革」なのです。

印刷業の生産性向上のポイント

印刷業に共通する特徴

①営業が納期調整、部材発注

印刷業は他の業種と比較して営業担当者の数が多い。そして、営業担当者が顧客との仕様確認や納期調整、進行管理をを行っており、営業部門と製造部門での情報伝達不備からさまざまなトラブルやクレームを出している。

また、営業担当者は受注した案件を独自判断で外注印刷会社に出したり、部材の購入を行ったりしている。結果として、工場は営業担当者に振り回せているという状況が多い。

倉庫には営業担当の指示で印刷したが、その後まったく出荷されない不明在庫が目立つ。

細かい印刷上の仕様などは別としても、受注した案件情報はすべて生産管理部門が一元管理し、工場の生産計画を立てるという体制が必要だ。

②機械停止が多い（不良、故障、色調整）

段取り作業により機械が停止する以外に、印刷機の調子が悪い、色が出ない、異物が入るなどの理由から機械が頻繁に停止している。中には、半日くらい停止してしまい、生産計画に大きな影響を与えるケースもある。

現場リーダーを中心として印刷機が停止しないための仕組みづくりが必要となる。印刷機が印刷していかなければ、印刷工場の利益は出ない。

印刷工場は稼働率100％に持っていく発想が必要である。

③機械離れしない（常時、人が機械についている）

印刷機が印刷している（インクを吹きつけている）時に付加価値を生んでいる。

機械と人間の仕事を分ける発想が必要だ。ほとんどの印刷工場では、印刷機から人が離れることはできないという。この発想を打破していくことが生産性を向上させるポイントになる。

確かに、期間に人がついてなければならない時間帯はあるが、丸一日常時ついている必要性が本当にあるのかどうかを再検討していく姿勢が必要なる。

第 5 章
総合リードタイム短縮の価値を知らない
盲点に気づけ！

1. モノづくりの全体最適は総合リードタイム短縮にあり

部分最適にこだわる愚かさを知れ

　総合リードタイム (受注から出荷までの日数または時間) を短くするのがトヨタ生産方式の最大の狙いです。このことは意外に知られていません。

> 【総合リードタイムとは】
>
> 総合リードタイム：
>
> 　　　準備リードタイム (受注から製造着手までの日数または時間)
>
> 　　　　　　　　　　　　　　　＋
>
> 　　　生産リードタイム (製造着手から出荷までの日数または時間)

(1) 準備リードタイムの短縮納期日が準備リードタイムより長い場合は、受注後部材を注文し、入ってきてから製造をスタートします。こうすれば部材の在庫を最小で管理できます。

　しかし、これでは準備リードタイムは短くできません。部材は、在庫補充方式で確保して置き、受注したらすぐに製造着手することが準備リードタイムを短縮させます。

　このように、補充方式で部材の在庫を持つことは、全体最適の実現のためにはやむを得ないのです。

(2) 生産リードタイムの短縮生産リードタイムは、各工程の正味加工時間 + 各工程間に停滞している時間 (仕掛品の量) で表されます。

　通常、各工程間に停滞している時間は、各工程の正味時間 10 倍です。

　ですから、生産リードタイム短縮は、工程間の仕掛品の量を減らすことなのです。よってこれには、生産計画の立て方で減らすか、または製造で工程間の仕掛品を減らすルールをつくることで減らしていきます。

　このようにして、総合リードタイムの短縮を図っていきます。総合リードタイムを決めたら、お客様に対して、「受注後何日 (または何時間) 以内に工場出荷できます」と提案していきます。

　これが顧客感動であり、同時に生産性が向上し、コストダウンが図れる一石二鳥を実現します。

〔図表46　総合リードタイム〕

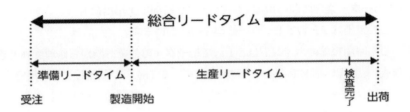

2. 総合リードタイム短縮の価値を知れ

セールスポイントになり売上を向上させる

　筆者の総合リードタイムを短縮した指導例の2つ紹介しましょう。

(1) 空気吹出し口製品の例 (受注から 9 時間で工場出荷)

　ある工場で、天井に取りつけるステンレスの空気吹出し口製品を製造しています。通常、業界ではこの製品の納期は 1 〜 3 週間です。筆者の 1 年間の指導で、受注後 9 時間で工場出荷できるようにしました。総合リードタイム 9 時間を実現したのです。この会社はステンレス材から吹出し口をつくる板金工場です。工程はレーザー、バリ取り、曲げ、溶接、検査、梱包です。

　第 1 の改善ポイントは、受注し顧客図面を入手したら、ただちに設計者に渡し設計者が、1 時間以内にレーザー加工への指示を出すようにしました。

　従来は、レーザー加工への指示が 2 〜 3 日を要していたため、作業者は 1 つの工程しかできませんでした。

　第 2 の改善ポイントは作業者の多能工化の訓練です。

　レーザーでの板取りはプログラムで行うので、それ以後のバリ取り、曲げ、溶接、梱包を、作業者 1 人で行う訓練をしました。

　この結果、10 人の作業者が、1 個の吹出し口製品をつくるのに 4 時間でできるようになりました。

そこで、顧客に対しては、受注後9時間で工場出荷できることを宣言します。 この活動により、3か月で3割受注を増やしました。顧客感動を得たのです。

(2) モーター修理時間の短縮 (受注から 10 時間で工場出荷)

この工場は 27 名でモーター修理を行っています。

この時間短縮のポイントは、1 人でモーターの故障診断から修理計画書を作成し、修理作業をできるようにしたこと。これも「1 個流し」の効果です。

「どんなモーターでも工場に搬入されたら 10 時間で工場出荷します」と宣言した PR(インターネット) により、東日本大震災で海水に浸ったモーターが 1 日 100 台以上運ばれてきたのです。

同業他社にも修理を依頼し、創業以来初めて、月に 1,000 万円の利益が 5 か月続きました。これも総合リードタイム 10 時間のお陰です。

以上、総合リードタイム短縮の 2 例にふれましたが、モノづくりの究極の狙いは総合リードタイム短縮の追求です。

3. リードタイム短縮の視点から製造条件を見直せ

現在の製造条件はリードタイム短縮の面から決められていない

製造条件を決めた根拠があいまいなケースが多いです。

ある携帯電話の部品メーカーでは、材料の歪をとるのに、80℃の恒温槽に 8 時間も入れています。また、ある機械メーカーでは、熱処理の通過速度を 1 分間に 4m/ 分 で行っています。

「なぜこの製造条件にしたか」の根拠が明確でありません。管理者に聞いてもわかりません。この製品の初期の検討で、品質特性を満たす視点からのみ、製造条件を決めたことは確かなのです。

今、顧客から強烈な値引き (3 〜 8%/ 年) や短納期対応 (2 週間から 1 週間) が求められています。

筆者の指導は、この顧客要求に応えるため、現在の製造条件を見直すことです。品質特性面からのみ決められてきた製造条件を、リードタイム短縮面から抜本的見直しを図るのです。

リードタイム短縮は、生産性向上に貢献するのです。

　検証が必要なのです。先ほどの2例では、乾燥時間8時間を4時間に短縮しても品質上の問題はありませんでした。また、熱処理速度を4m/分から5m/分と速くしても品質上の問題はありません。

　このように、抜本的に製造条件を見直していくのです。製造条件をリードタイム短縮面から検討すると品質が落ちると考えている管理者は多いです。

　これは間違いです。現在のニーズを考え、製造条件をリードタイム短縮面から見直しする価値に気づくことです。

4. 運搬回数はどんどん増やせ

小刻み多回運搬には経済性を度外視しろ

　「運搬は1度に多く運ぶのが1番効率がいい」と記してある工場改善テキストがあります。これはモノづくりの素人の発想です。モノづくりの運搬は、小刻み多回運搬に価値があります。

　図表47の製造ロットと運搬ロットの関係をみてください。

　今、A工程での製造ロットを100個とします。このA工程で100個つくり、この100個を1回で運搬するのが一見効率よくみえます。

　この場合は、製造ロット＝運搬ロットです。

〔図表47　製造ロットと運搬ロット〕

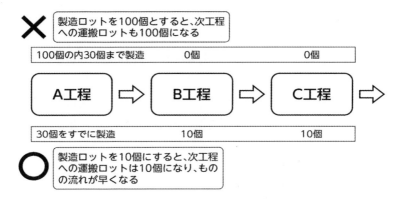

さて、ここで運搬ロットを10個としましょう。A工程で10個つくったら、10個をB工程へ送ります。10個ずつB工程へ送り続けます。

　モノづくりの本質は、モノの流れを早くすることにあります。すなわち、リードタイム短縮に価値があるのです。確かに、製造ロット＝運搬ロットにすれば、運搬効率はよく思えます。しかし次工程へ渡すのが製造ロット単位になり、流れは遅くなります。

　小刻み運搬には、経済性を度外視しろ、という意味はここにあります。

　製造ロットと運搬ロットに分けて考えると、小刻み多回運搬は、製造ロットを小さくするのと同じ働きをするのです。

　このように、小刻み多回運搬は、モノの流れを早くさせます。すなわち、リードタイムを短縮させる効果があります。「運搬は1度にまとめて多く運ぶのは効率的である」というのは一見、合理的に思えますが、モノづくりの盲点・錯覚の1つなのです。

5. リードタイムを短縮するとなぜ生産性が上がるか

モノづくりの速度が増すと生産高が増える

　リードタイム短縮は、モノをつくる速度が早くなることです。速度が早くなれば、生産性は上がります。ちょうど、高速道路を渋滞なしで走るように車の輸送量は増えます。これと同じことで、モノの流れの速度が増せば、生産高が増え生産性が向上します。ですから、リードタイムの短縮は生産性を向上させるのです。

　さらに、資金の回転を高めるのもリードタイム短縮の効果です。

　筆者は、多品種型生産で、リードタイム短縮の目標を決めにくい場合、生産性向上の目標のみで改善・改革を進めます。生産性向上目標とリードタイム短縮目標は兄弟であり、互いに補完する関係にあります。生産性向上がリードタイムを短くし、リードタイム短縮が生産性向上に貢献します。この生産性向上とリードタイム短縮の2つの架け橋は、結びつきが強くなっていくようにするのが、段取り時間の短縮です。段取り時間をどんどんなくしていくと、生産性向上とリーダータイム短縮は、結びつきが強くなっていきます。

6. 月末の製品在庫を減らす活動をやめよ

JIT 平準化生産を否定してしまう

　月次決算を見かけ上よくみせるため、月末の製品在庫を減らそうとしているメーカーがあります。これは間違いです。

　このメーカーは月の初めに生産量を増やし、中間から生産量を落として月末の在庫を減らしていきます。そして、翌月の上旬に生産量を上げるから平準化生産を否定していることになります。これでは、生産性は上がらないし、リードタイム短縮を図れません。

　月次決算を少しでもよくするため、月末だけ在庫を減らす活動は意味がないのです。

　経営者は工場に月末の在庫を減らす要求を出してはいけません。製品在庫を減らす活動は正しいです。製品在庫は月初でも、月の中間でも、月末でも減らす必要があります。意識的に月末のみ見かけ上減らそうとすると、月の中間以後の生産高を抑えようとするのです。

　これは生産性を落とす傾向にあります。すなわち、JIT の基本である平準化生産を否定してしまうのです。

　経営者は、このことを理解し、月末のみの製品在庫量の要求を出してはいけません。

印刷業の生産性向上のポイント　　　　FL 法改善事例：業種別
Coffee Break

印刷業の成功事例（総合印刷工場）

　この工場で行った改善ポイントは、以下の3つである (印刷業に共通する特徴は 196 頁参照)。

　　①生産管理の強化　②時間を入れた作業指示の仕組み　③機械離れによる少人化

　営業からの受注情報をもとに印刷機の生産計画を立てる部門が機能しておらず、工場では日々印刷するモノの変更が頻発して生産効率が非常に低かった。

工場全体が多くの残業をしながらも出来高が上がらなかった。

　そこで、印刷機の生産計画を立てる生産管理部門をつくり、受注情報の一元化を図った。

　用紙の購入と準備、印刷機の生産計画、製本工程（印刷後に行う加工）の生産計画など、生産管理体制を再構築した。

　これにより、営業と工場のコミュニケーションもよくなり、社内の印刷機の生産計画精度が上がり、製本工程の残業削減にも繋がった。

　また、印刷機が昼勤と夜勤で何を何枚印刷するかという時間を入れた作業指示を出すようにした。それまでは、時間指示がないため、遅れた分は次のシフトの作業者（昼勤の遅れは夜勤が取り戻す）に任せるという発想であり、作業者は決められた仕事を完了させる意識が低かった。結局、印刷にかかった時間が作業時間ということになっていた。

　時間を入れた作業指示を出すことで、自分のシフトでやるべきことが明確になり、自分がやるべき仕事を時間内に完成するようになった。

　印刷後の後工程となる製本工程においても時間を入れた作業指示を出すようにした。

　複数の印刷物を集め、手で折り、封筒に入れるという作業を5名の作業者が行っていた。

　各作業者は、今日何個完了させればよいか把握せず、とにかく急いで作業するということを毎日繰り返していた。また、印刷物を集めて手で折る作業と封筒に入れる作業を分け、5名が適宜どちらかの作業を行うという曖昧なルールで作業をしていた。

　そこで、分業をやめて1人が印刷物を集めて、手で折り、封筒に入れるまでの作業をすべて行うようにした。

　そして、印刷物を封筒に入れるまでの時間を測り、1つの封筒を完成させる工数を算出した。作業者に朝8時から16時まで、2時間単位で封筒をいくつ完成させるかを指示した。

　するとほぼ指示通りにできあがるようになり、5名の作業者の出来高が3割アップした。

　さらに、印刷機ごとに2名（メイン機械オペレーター、アシスタント）が配置される習慣を見直し、3つの印刷機を担当していた6名を4名に削減する改善を行った。

　これにより2名の人員が不要となり、外注依頼している作業をかわりにやってもらうようにした。

　このような活動により、利益率が1％ほどだった工場が利益率8％まで上昇した。

第 6 章
形骸化した ISO9001 の盲点
を事例から気づけ！

1. 低い目標は立てないほうがマシ

なぜ、管理者は低い目標にするのか

ISO9001 の審査において、強く感じていることは、管理者の目標設定が低い、低すぎることです。

QC サークルレベルの目標になっています。その理由は、目標を達成しないと評価されないという風潮があるからです。

外部経営環境が厳しい中にあって、管理者の目標が低かったら、経営改善はできません。とにかく、高い目標に挑戦しなければなりません。ここに気づいてください。

高い目標とは、目標設定時点では達成見込みが立たないもの、上司や同僚の管理者が高いと認めるものです。そして、次に、この高い目標を達成する施策に知恵を出さねばなりません。

2. 高い目標は目標展開せよ

目標展開こそ改善速度を上げるアプローチなり

いきなり大きな目標に対して、それを達成させる手段 (改善) に取り組んでも成果は出せません。

例えば、「A 製品コストダウン 20%」と大目標があったとしましょう。

まず図表 48 の目標展開に示すように、大目標に対して、いくつかの小目標に分解する必要があります。これは TQM における方針管理の定石です。

この小目標に展開することの意味を理解してください。

次に、この小目標を達成させるための具体的計画 (3W1H: 誰が、いつまでに、何を、どうやるか) を決め、改善活動に入っていきます。

これが大目標を早い速度で達成させる秘訣なのです。大目標を達成するための目標展開には、大きな価値があります。

このプロセスなしに、大きな目標を達成することはできません。

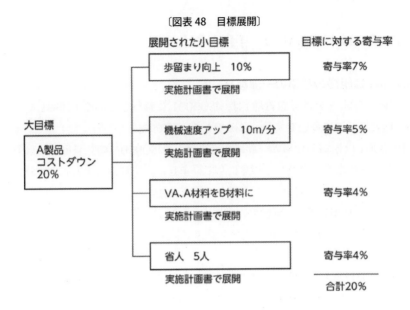

〔図表48　目標展開〕

展開された小目標　　　　目標に対する寄与率

大目標
A製品
コストダウン
20%

歩留まり向上　10%　　　寄与率7%
実施計画書で展開

機械速度アップ　10m/分　寄与率5%
実施計画書で展開

VA、A材料をB材料に　　寄与率4%
実施計画書で展開

省人　5人　　　　　　　寄与率4%
実施計画書で展開　　　　━━━━━━
　　　　　　　　　　　　合計20%

3. なぜ「品質」に限定し「経営」と捉えないのか

顧客の強烈な値引き（3〜8%/年）に気づけ

　規格項番52「顧客重視」からわかるように、今、顧客はクレーム許容レベルを維持する大前提で、強烈な値引き(3〜8%/年)と短納期(例：2週間を1週間にせよ)を要求しています。この2つの要求を満たさなければ、顧客満足に至りません。ですから、規格用語としては、「品質」になっていますが、上記の2つの要求を満たすには、「経営」と捉えなければならないのです。しかし、多くのISO9001 取得企業は、「品質」に限定して仕組みをつくっています。

　ここに問題があることに気づいていません。これは盲点なのです。

　ある優良企業で ISO9001 の構築を、「品質」に限定して仕組みをつくり、顧客の値引きや短納期の要求については、別の仕組みで経営目標を設定し、この目標達成の改善を行っています。2本立ての仕組みをつくっているのです。管理の分割ロスです。ISO9001 の仕組みとして一本化するのが正しいのです。未だ多くのISO9001取得会社は、ここに気づいていません。

4. ISO9001 は TQM の一手段と知れ

ISO9001 は組織の仕事の一部なり

　今後、TQM(全社的品質管理) は、ISO9001 に移行していくと理解している管理者は意外に多いですが、とんでもない話です。

　ISO9001 は組織の仕事の一部にすぎません。ISO9001 の認証取得には対象製品を決めます。全製品を対象にしていません。決算システムも含まれていません。生産性向上についても触れていません。

　要は、ISO9001 組織の活動の一部にすぎないのです。

　ですから、ISO9001QMS(品質マネジメントシステム) は、TQM の一部なのです。

　TQM における方針管理 (管理者が挑戦目標を決め、その目標を達成させる大改善活動) は、ISO9001 における 5.4.1 部門目標設定および 5.4.2 (a) 目標を達成させるための計画、8.5.1 継続的改善を実現させていきます。

　なぜならば、この項番 5.4.1・5.4.2 (a)・8.5.1 の中に、「方針管理」の思想が導入されているからです。

　ISO9001QMS はすべて TQM に包含されているのです。

5. なぜ、定期審査が近づくとガタガタと準備をするのか

指摘を受けると品質システムの欠陥があるとみなされるから

　ISO9001 の更新審査は年 1 回行われます。この審査が近づくと、管理者はガタガタとその準備をはじめます。

　文書を変更した場合、その文書が最新版か、承認印があるか、検査記録に合否判定されているか、検査責任者印はあるか、不適合製品 (不良) の是正処置の記録があるか、内部監査の記録と是正されているか、部門品質目標の進捗管理がされているか、などの抜けがないか確認していきます。

　ISO9001 品質マネジメントシステムは、維持管理が主体であり、日頃からルールどおり進めていれば、審査前になってもガタガタと準備はしなくて

よいのです。

　問題は、審査で指摘された部門が未だ ISO9001 の品質マネジメントシステムに不備があるとみなされることです。指摘されてよかったとの見方が正しいのですが、こう捉えていないところが問題です。

　ISO9001 の品質マネジメントシステムにおいて、経営をよくする規格項番は、5.4.1 高い品質目標 (経営目標) を設定し、これを達成するための計画 5.4.2 (a) を立て、継続的改善 8.5.1 の実施にあります。

　審査が近づいてガタガタするのではなく、品質 (経営) 目標達成に力を入れてください。

6. 遵守性確認の内部監査はやめなさい

有効性監査に主体をおけ

　企業活動の中で、クレームがあり、社内不良が多く、また機械的故障が多い状況で、遵守性監査とは ISO9001QMS で構築した標準類が守られているかをみるものです。

　よく考えてください。今の仕組みを守った結果、多くの問題が発生しています。

　このような状態のときに遵守性の監査をしても意味がありません。

　すでに、現状発生している問題は、ISO9001 の仕組みの有効性が欠陥している証拠ですから、遵守性監査より有効性監査 (問題の解決など) の追究が必要なのです。

　内部監査では、問題の事実を把握し、どうすれば解決するかの有効性を追究すればよいのです。少なくとも、更新審査後 (ISO9001 取得 3 年後) は、有効性に絞って内部監査したほうが建設的です。古いチェックリストで遵守性主体の監査は論外です。

　内部監査においては、監査側と被監査側と区別するのでなく、一緒に有効性の追究に徹していくのが建設的です。

7. 方針管理の欠点は目標未達にあり

1日改善会の活用が目標を必達させる

　TQM の有力手段である方針管理は、管理者が経営をよくする高い目標を決め、大きな改善で目標達成していきます。

　ところが、「目標の未達」が多いのが問題です。この未達の主要原因は、目標を必達させるために時間投入をしていないことに尽きます。

　これは、筆者が品質管理部長時代に発見した事実です。

　この事実の是正として、1日に1～1.5時間くらい日常業務から離れて必ず改善時間をつくり、週1回(金曜日の午後からが好ましい)5時間以上かけた1日改善会を実施するという2点を行う、時間創出法を考えました。

　1日改善会についてはすでに触れていますが、その日に決めた目標を徹夜してでもやり抜くのです。

　とにかく、高い目標を必達させるには時間を投入するしかないのです。

　管理者は目標達成度で評価されます。これでボーナスが決まります。だから、時間投入しかないのです。

　マズローの5段階の欲求の最上位は「自己実現」にあります。

　これは、組織の目標と自己の目標の一致にあります。方針管理こそ、この一致の架け橋なのです。

　これに気づいたとき、管理者は目標達成のために時間投入をやらざるを得なくなります。

8. 不良原因を検証せよ

この検証なしが不良を再発させる

　原因を正しく追究しないと不良は再発しています。当たり前のことです。

　ISO9001 8.5.2 是正処置の (f) では、是正処置の活動のレビューをすることを要求しています。

　多くの管理者は、この (f) の解釈を是正処置をとった後、不良が出ていな

い確認をすることと解釈しています。

これは誤解釈なのです。

正しい解釈は、「今、原因と捉えたものは真の原因かをもう1度検証することを要求し原因が真因かを検証することにある」。

さらに、その原因の除去策としての是正処置が適切だったかをもう1度検証せよ、といっているのです。

不良の再発防止を確実にするための再検証を要求しているのです。原因を早く正確に捉える力、つまり解析力が重要といってよいのです。

実は、中小メーカーの管理者には、この解析力が欠落しています。

ISO9001の審査において、原因欄に「○○○○と思われる」との記述があります。

これは厳密に考えたら、8.5.2是正処置 (f) の不適合なのです。原因を特定したことになりません。

原因がどうしてもわからない場合は、KI法アプローチを適用するのがよいでしょう。良品ができる場合と、不良ができる場合のつくり方の違いからアプローチしていくのです。

このKI法 (磯部邦夫氏が確立した手法) は、不良を低減させる優れたアプローチなのです。

9. ISO9001QMS構築時にクレーム撲滅と生産性向上を図れ

現状維持からの脱皮と顧客満足の実現

現在、顧客から3〜8%/年の値引きと短納期が強く求められています。

ですから、ISO9001のQMS構築は、顧客許容レベルのクレーム維持を前提に、国際規格要求を満たすとともに、生産性向上を図らないと「顧客満足」は実現しません。

次頁の図表49（ISO9001QMS取得準備）をみてください。

すでにISO9001認証取得をした企業は、認証取得の最中に (a) のように工場レベルが上がったか、(b) のように現状維持だったか点検してください。

〔図表 49　ISO9001 QMS 取得準備〕

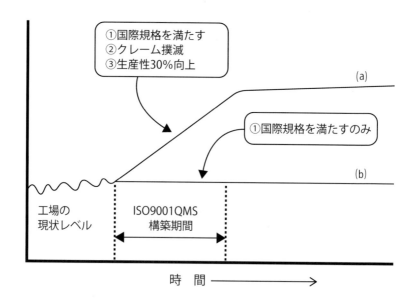

　取得準備期間中は、ISO9001 国際規格を満たす QMS (品質マネジメント
システム) を構築するのは当然です。

　多くの企業が、工場レベルは現状のままで、準備中は国際規格のみを満た
す (b) の構築ケースです。これでは工場レベルは上がりません。

　正しい準備は、(a) の構築のように①国際規格を満たす、②クレームをほ
ぼ撲滅する、③生産性を 30% 向上する、を満たすことです。

　(b) の取得企業は、今からでも遅くありません。

　顧客許容レベルのクレームを維持する前提で、生産性 30% 向上の品質 (経
営) 目標を立て、継続的改善を進めてください。

　これをしないと、現状維持から脱皮できません。

　何のための ISO9001 認証取得かわかりません。

参考文献

トヨタに学びたければトヨタを忘れろ 稼働神話が工場をダメにする　近江 堅一・近江 良和 著　日刊工業新聞社

HOW TO THINK LIKE Einstein アインシュタインの思考哲学　ダニエル・スミス 著　菅原都記子 訳　文響社

人間は自分が考えているような人間になる　アール・ナイチンゲール 著　田中孝顕 訳　きこ書房

ハイデガーの哲学『存在と時間』から後期の思索まで（講談社現代新書）　轟 孝夫 著　講談社

善の研究（岩波文庫）　西田 幾多郎 著　岩波書店

暗黙知の次元—言語から非言語へ　マイケル・ポランニー 著　佐藤 敬三 訳　紀伊國屋書店

百鬼園随筆（新潮文庫）　内田 百聞 著　新潮社

ニーチェ全集〈3〉哲学者の書（ちくま学芸文庫）　フリードリッヒ・ニーチェ 著　渡辺 二郎 訳　筑摩書房

やさしい KI 法—磯部式問題解決法で生産性を上げよう　磯部 邦夫 著　日本規格協会

トヨタ生産方式—脱規模の経営をめざして　大野 耐一 著　ダイヤモンド社

アリストテレスの哲学（岩波新書 新赤版 1966）　中畑 正志 著　岩波書店

山本五十六のことば　稲川明雄 著　新潟日報事業社

苫米地思考ノート術—脳を活性化し人生を劇的に変える最強思考ノート　苫米地 英人 著　オープンエンド

路傍の石（新潮文庫）　山本 有三 著　新潮社

地上最強の商人　オグ・マンディーノ 著　稲盛和夫 監修　日本経営合理化協会出版局

ザ・ゴール — 企業の究極の目的とは何か　エリヤフ・ゴールドラット 著　三本木 亮 訳　ダイヤモンド社

スキル管理—微欠陥一掃による完全生産の実現　中井川正勝 著　日本能率協会マネジメントセンター

メディア論—人間の拡張の諸相　マーシャル・マクルーハン 著　栗原 裕・河本 仲聖 訳　みすず書房

完全なる人間　アブラハム・H・マスロー 著　上田吉一 訳　誠信書房

トヨタに学びたければトヨタを忘れろ 製造業の高レベル目標管理法　近江 堅一・寺田 哲朗 著　日刊工業新聞社

あとがき

　最後まで読んでいただきありがとうございます。
　「中小メーカーのモノづくりにおいて誤解が多い」
　その代表例は、トヨタ生産方式は"かんばん方式"だと信じる社長がいることです。中小メーカーは多品種少量生産型で"かんばん方式"は適用できません。これは、実際にやってみるとすぐ気づくことです。
　また、お金を生まない段取り時間を短縮する価値に気づいていません。ですから、一度、段取りをやると先の納期分までつくってしまいます。これを知恵と捉えていますが、これは間違いです。
　トヨタでは、「段取り時間の短縮にはじまり段取り時間の短縮」に終わるのです。
　さらに、ネック工程を理解していません。
　ネック工程は全工程で１番能力のない工程のことで、生産高が決まってしまいます。このネック工程の能力を上げることが、生産性を上げる秘訣です。

　それでは、中小メーカーはどうすればよいでしょうか。
　モノづくりの正しい哲学と実践指導体験のある生産コンサルタントが生産性を上げ、同時に品質体質を強化することです。
　現在、中小メーカーは生産性が低く、"賃上げ"ができる状況ではありません。
　技術士（経営工学・生産マネジメント）である筆者は、お金をかけないで生産性を上げる独自方法を開発し、２９年間４９０社の中小メーカー（大手含む）の生産性を上げ、赤字会社を黒字会社にする実践指導をしてきました。

　この方式は、トップダウンを中心に"管理者"と"現場リーダー"の役割を見直し、両者にやる気を持ってもらう仕組みづくりです。ここが重要です。
　現状、管理者は日常発生する問題の対応に追われています。また、現場リーダーも作業者に埋没して作業者の力量アップをしていません。

これでは工場はよくなりません。

本書は、管理者が生産性目標を決め、改善して目標を達成します。

現場リーダーは、ラインから離し作業者に時間を入れた作業指示（日産計画）を出し、進捗管理と作業者の力量アップをしていきます。

この方式で最終的には、5か月で30%の生産性が上がります。

赤字工場はこれだけで黒字になり、黒字工場はさらに生産性が上がり利益率が向上していきます。実に信じがたいですが、モノづくりの本質、真実はここにあるのです。

管理者と作業者の"やる気"がなくて工場改革はできません。

「真の改善は人のやる気のみから生まれる」のです。

技術士（経営工学・生産マネジメント）

近江　堅一

糟谷　徹

著者略歴

近江 堅一（おうみ けんいち）

・近江技術士事務所 所長・技術士（経営工学・生産マネジメント）、ISO9001 主任審査員
・29 年間 490 工場の生産性・品質向上指導実績 No1
・ISO9001 主任審査員として、審査 398 回 (617 日)・工場体験 32 年間、工場長、品質管理部長、生産効率推進部長、生産技術課長、品質保証課長
・日刊工業新聞社より 11 冊出版
代表作：『間違いだらけのカイゼン活動 7 大盲点』
　　　：『モノの流れと位置の徹底管理法』

糟谷 徹（かすや とおる）

・近江技術士事務所 副所長／カスヤ技術士事務所 代表
　技術士（経営工学・生産マネジメント）、品質管理検定 1 級
・近江堅一氏より継承した、日本で唯一の生産性向上プログラム「FL 法」を『工場学』という形でアップデートし、業種を問わず多数の工場で黒字化・利益増加を実現中
　機械加工工場 導入前：赤字 → 経済効果：600 万円／月

ご相談やセミナーについての情報配信は以下をご参照ください
Mail: info@kasuyatoru.com
HP:https://kasuyatoru.com/
YouTube:https://www.youtube.com/channel/ UCbJ3EwTFw_VOCIIB407XVIQ

中小メーカー向けトヨタ生産方式（FL法）の教科書
お金をかけずに 5 か月間で 30% 生産性を上げる秘訣

2023年 10 月 31 日 初版発行　　2023 年 12 月 21 日 第 2 刷発行

著　者　　近江　堅一・糟谷　徹

発行人　　森　　忠順

発行所　　株式会社 セルバ出版
　　　　　〒 113-0034
　　　　　東京都文京区湯島 1 丁目 12 番 6 号 高関ビル 5 B
　　　　　☎ 03（5812）1178　　FAX 03（5812）1188
　　　　　https://seluba.co.jp/

発　売　　株式会社 三省堂書店／創英社
　　　　　〒 101-0051
　　　　　東京都千代田区神田神保町 1 丁目 1 番地
　　　　　☎ 03（3291）2295　　FAX 03（3292）7687

印刷・製本　　株式会社 丸井工文社

Printed in JAPAN
ISBN978-4-86367-851-4